时代的灵魂

——莎士比亚

【法】维克多·雨果（Victor Hugo） 著

熊丽泓　张草霞 编译

主　任：徐　潜
副主任：王宝平　李怀科　张　毅
编　委：袁一鸣　郭敬梅　魏鸿鸣
　　　　林　立　侯景华　于永玉
　　　　崔红亮

中华工商联合出版社

图书在版编目（CIP）数据

时代的灵魂：莎士比亚 /（法）雨果著；熊丽泓，
张草霞编译. --北京：中华工商联合出版社，2014.12
ISBN 978-7-5158-1187-1

Ⅰ．①时… Ⅱ．①雨… ②熊… ③张… Ⅲ．①莎士比
亚，W.（1564～1616）—传记 Ⅳ．①K835.615.6

中国版本图书馆 CIP 数据核字（2014）第 288278 号

时代的灵魂
——莎士比亚

作　　者：【法】维克多·雨果（Victor Hugo）
译　　者：熊丽泓　张草霞
出 品 人：徐　潜
策划编辑：魏鸿鸣
责任编辑：林　立
封面设计：周　源
责任审读：李　征
责任印制：迈致红
出版发行：中华工商联合出版社有限责任公司
印　　刷：天津旭丰源印刷有限公司
版　　次：2014 年 12 月第 1 版
印　　次：2023 年 4 月第 4 次印刷
开　　本：710mm×1020mm　1/16
字　　数：170 千字
印　　张：14.25
书　　号：ISBN 978-7-5158-1187-1
定　　价：49.80元

服务热线：010－58301130
销售热线：010－58302813
地址邮编：北京市西城区西环广场 A 座
　　　　　19－20 层，100044
http：//www.chgslcbs.cn
E-mail：cicap1202@sina.com（营销中心）
E-mail：gslzbs@sina.com（总编室）

序

　　为了给《传世励志经典》写几句话，我翻阅了手边几种常见的古今中外圣贤大师关于人生的书，大致统计了一下，励志类的比例，确为首屈一指。其实古往今来，所有的成功者，他们的人生和他们所激赏的人生，不外是：有志者，事竟成。

　　励志是动宾结构的词，励是磨砺，志是志向，放在一起就是磨砺志向。所以说，励志不是简单的立志，是要像把刀放在石头上磨才能锋利一样，这个磨砺，也不是轻而易举地摩擦一下，而是要下力气的，对刀来说，不仅要把自身的锈磨掉，还要把多余的部分都要毫不留情地磨掉，这简直是一场磨难。所有绚丽的人生都是用艰难磨砺成的，砥砺生命放光华。可见，励志至少有三层意思：

　　一是立志。国人都崇拜的一本书叫《易经》，那里面有一句话说：天行健，君子以自强不息。这是一种天人合一的理念，它揭示了自然界和人类发展演化的基本规律，所以一切圣贤伟人无不遵循此道。当然，这里还有一个立什么样的志的问题，孔子说：士不可以不弘毅，任重而道远。古往今来，凡志士仁人立的都是天下家国之志。李白说：大丈夫必有四方之志，白居易有诗曰：丈夫贵兼济，岂独善一身，讲的都是这个道理。

二是励志。有了志向不一定就能成事，《礼记》里说：玉不琢，不成器。因为从理想到现实还有很大的距离。志向须在现实的困境中反复历练，不断考验才能变得坚韧弘毅，才能一步一个脚印地逐步实现。所以拿破仑说：真正之才智乃刚毅之志向。孟子则把天将降大任于斯人描述得如此艰难困苦。我们看看历代圣贤，从三大宗的创始人耶稣、默哈穆德、释迦牟尼到孔夫子、司马迁、孙中山，直至各行各业的精英，哪一个不是历经磨难终成大业，哪一个不是砥砺生命放射出人生的光芒。

三是守志。无论立志还是励志都不是一朝一夕、一蹴而就的，它贯穿了人的一生，无论生命之火是绚丽还是暗淡，都将到它熄灭的最后一刻。所以真正的有志者，一方面存矢志不渝之德，另一方面有不为穷变节、不为贱易志之气。像孟子说的那样：富贵不能淫、贫贱不能移、威武不能屈。明代有位首辅大臣叫刘吉，他说过：有志者立长志，无志者常立志，这话是很有道理的。

话说回来，励志并非粘贴在生命上的标签，而是融汇于人生中一点一滴的气蕴，最后成长为人的格调和气质，成就人生的梦想。不管你做哪一行，有志不论年少，无志空活百年。

这套《传世励志经典》共收辑了100部图书，包括传记、文集、选辑。为励志者满足心灵的渴望，有的像心灵鸡汤，营养而鲜美；有的就是萝卜白菜或粗茶淡饭，却是生命之必需。无论直接或间接，先贤们的追求和感悟，一定会给我们带来生命的惊喜。

徐 潜

2014 年 5 月 16 日

前　言

　　雨果是我们熟悉的法国浪漫主义作家，他的作品《悲惨世界》、《巴黎圣母院》等广为流传。1864 年出版的《莎士比亚传》并不是一部传统意义上的人物传记，而是雨果的一部别具一格的文艺理论著作。雨果的文艺理论著作首推 1827 年出版的《〈克伦威尔〉序言》，被视为法国浪漫主义的宣言，对法国浪漫主义文学的发展起了很大的推动作用。雨果在时隔 37 年之后写下的《莎士比亚传》被誉为"史诗和大海般的巨著"，在这部作品中，雨果将莎士比亚放在广袤的历史长河中追根溯源，在对作家及作品剖析的过程中将自己的理论观点逐一阐明，可谓是借莎士比亚痛快淋漓地抒"胸中块垒"。

　　雨果在这部作品中仍然沿袭了他在《〈克伦威尔〉序言》中将社会和文学发展分为原始、古代和近代三个时期，将莎士比亚放在历史的长河中进行剖析，行文洒脱奔放，感情色彩浓厚。他用汪洋恣意的语言，在瑰丽奇绝的想象中运用夸张、比喻，将艰涩深奥的文艺理论观点准确地呈现。他首先肯定了莎士比亚的天才地位，从作家的角度，将其与埃斯库罗斯、以赛亚、尤维纳利斯、但丁同列为登上人类精神世界巅峰的巨人。

雨果所有玄思妙想的前提是坚信至高无上的上帝，这使得他的论述让现代人难以理解，然而对于真正懂得艺术与文学的人来说，仍然觉得他确实揭示了艺术的真谛。他极其敏锐地认识到人尤其是天才在文艺创作中的作用，将莎士比亚置于灿若星河的历代天才之中进行分析比较，充分肯定了莎士比亚的戏剧创作，进一步推进了他在《〈克伦威尔〉序言》中提出的戏剧应效法莎士比亚的主张。

他肯定了莎士比亚在创作中的主体地位，区分了艺术创作与科学研究，并阐述了它们各自的特点，认为"科学是相对的，而艺术是恒久的"，"艺术在本质上不会变化发展"。

雨果认为"第一等天才的特点是能够创造典型的人物形象"，并通过对莎士比亚作品的分析揭示了戏剧中典型人物的创作过程，讨论了作品与现实的关系，呈现了一个更加丰满生动的莎士比亚。

雨果肯定了想象力在戏剧创作中的作用，认为"诗人的哲理源于他的想象"。虽然他是一位唯心主义者，但因其超越时代的洞察力，仍然以浪漫主义充满激情的语言和无拘无束的思想，客观充分地论述了艺术的发展及艺术创作的基本规律，探讨了艺术创作的内在机制、艺术与科学的关系、天才与人民群众的关系、艺术与社会的关系、艺术真实与自然真实的关系，并作了详尽生动的阐释。

作为浪漫主义的代表作家，这些行云流水般蓬勃而出的文章并不只是奇思妙想，也抒发了雨果内心深处的夙愿，他认为追求真理是人类精神生活的希望所在。他还提出了诗人的职责，认为"文学是人类社会共同的需求，诗歌是灵魂执着的追求，诗人就是人民最重要的教育者"。

雨果有着超越时代的洞察力，本书中的许多观点在今天仍然有着重要的意义。他是人类历史上曾经窥见永恒真理的为数不多的天才之一。他的才思令人高山仰止，在编译的过程中常常觉得自己的才能和思想难以碰触到作者，实感惭愧。200多年后的今天，我们能用现代的语言、现代的思维再次解读天才的作品，也深深为之震撼。这是一部值得保存并细读的文艺理论作品，是文艺理论史上的一座丰碑。

编译者

2014 年 10 月 7 日夜

目 录

上 篇

第一章　莎士比亚的戏剧人生

　　第一节　莎士比亚的戏剧之路　　003

　　第二节　莎士比亚作品的传播　　012

第二章　莎士比亚与历代天才

　　第一节　天才与创作　　015

　　第二节　历代天才的创作　　018

第三章　艺术与科学

　　第一节　书籍与文明的发展　　045

　　第二节　艺术与科学　　047

　　第三节　不灭的诗歌　　054

第四章　埃斯库罗斯与莎士比亚

　　第一节　埃斯库罗斯与戏剧　　057

　　第二节　埃斯库罗斯作品的传播　　061

第五章　天才之路

　　第一节　自我的永恒　　068

　　第二节　天才的出现　　071

下 篇

第一章　莎士比亚的戏剧成就

　　第一节　对莎士比亚的曲解　　077

　　第二节　莎士比亚对古典主义美学的突破　　080

第二章　莎士比亚的巅峰之作

099　　　第一节　天才与典型人物的创作

104　　　第二节　哈姆雷特与普罗米修斯

111　　　第三节　莎士比亚的巅峰之作

第三章　莎士比亚的作品与评论

118　　　第一节　莎士比亚作品的批评者

123　　　第二节　理解天才

第四章　品读莎士比亚

130　　　第一节　莎士比亚作品的主要特点

135　　　第二节　莎士比亚作品的影响

第五章　天才的作用与影响

144　　　第一节　文学与文明的发展

149　　　第二节　天才与人民

第六章　美与真

157　　　第一节　艺术的目的

163　　　第二节　艺术与进步

第七章　永恒的莎士比亚

176　　　第一节　死亡是新的起点

182　　　第二节　莎士比亚在英国

191　　　第八章　追寻历史的真实

191　　　第一节　一个崭新的世纪

197　　　第二节　追寻真理

附录：莎士比亚作品简介

205　　　《哈姆雷特》

206　　　《第十二夜》

《亨利八世》　　　　208

《威尼斯商人》　　　209

《仲夏夜之梦》　　　210

《麦克白》　　　　　211

《罗密欧与朱丽叶》　212

《皆大欢喜》　　　　213

上篇

第一章　莎士比亚的戏剧人生

他的一生经历了许多痛苦，

遭受了许多侮辱，

他生前就已亲历。

在他的自述诗中可以读到这样的诗句：

"我的名声被诽谤，我的性格被贬低；

请怜悯我，此刻我正屈辱而忍耐地喝着酸醋。"

第一节　莎士比亚的戏剧之路

威廉·莎士比亚诞生于艾冯河畔的斯特雷福镇，那里的人们笃信天主教。威廉的父亲约翰当过市政官，祖上曾有人当过大法官。当时威廉一家住在亨利街一所简陋的房屋里，家道已没落。莎士比亚降生的那个房间破旧不堪，墙壁刷了生石灰，已经发黑的横梁交叉成十字，下面是一扇很大的窗户，镶嵌着小片彩色玻璃，现在你还可以在众多的名字中间发现"瓦尔特·司格特"的大名。

　　"莎士比亚"的字面含义是"舞弄长矛的人"，莎士比亚家族的族徽是一个铁臂高举长矛的男子形象。据称，在 1595 年这族徽得到伊丽莎白女王的认可，如今在位于艾冯河畔的斯特雷福镇教堂的莎士比亚墓碑上就刻有此徽。莎士比亚名字的拼写变化较多，通行的拼法少一个哑音字母，这样便于流传。

　　莎士比亚家族世代信奉天主教，也许这是个先天缺陷，又正与其家道中落相连。威廉·莎士比亚出生不久，他的父亲就从市政官变成了以开肉铺为生的老板。据说莎士比亚 15 岁起，就开始在父亲的屠宰场宰杀牛羊。

　　莎士比亚登上诗坛的第一首诗是一首以邻村为主题的四行诗，他说邻近两村各以鬼魂和醉汉而驰名，而他正是在夜空下、醉意正浓之际吟成此诗；那夜，他走到一株苹果树下，看见美丽的姑娘安娜·海特威，后来那棵苹果树因《仲夏夜之梦》而闻名，而安娜这位年长他八岁的姑娘成了他的妻子。莎士比亚 18 岁结婚，与安娜生有一女，后来又有一男一女的双胞胎，此后就再无子女。

　　莎士比亚像拉·封登一样，仅仅是"体验"了一下婚姻。他最终离开了安娜，安娜在他的余生中销声匿迹，仅在莎士比亚的遗嘱中写明要赠给安娜两张大床中较次的那张，据说另一张床是他曾用来与别的女人同枕共席的。

　　莎士比亚离开安娜之后，当过小学教师，做过采购商的书记官，还当过偷猎者。莎士比亚在一次偷猎中被捕并被起诉，因此后来有人以此为依据说他是盗贼。为了躲避追捕，他逃往伦敦，在剧场外面为达官贵人们看守马匹。这个行当 20 世纪在伦敦还存在，这个职业因落难的天才而被后世称为"莎士比亚小童"。

　　当时有抱负的年轻人，都从全国各地来到伦敦寻求他们的前途。在伦敦与爱冯河畔的斯特雷福之间，交通十分便利。莎士比亚大约是在 1586 年夏天踏上通往首都的征途的。

16 世纪的伦敦已经是一座庞大的城市了，那里的人们辛苦劳作，如蚁之碌碌。那时的伦敦与现在大不相同，白天阴沉惨淡，夜里灯火辉煌，那烟雾下的嘈杂令人震惊。伦敦的上空布满了雾霭，市井间的嘈杂声音就是这座城市声响的雾霭。巴黎代表人类明朗繁华的一方面而成为世界之都，伦敦成为世界之都则是由于它的庞大阴沉，也许可称之为"黑暗的巴比伦"。伦敦是个在秩序中存在混乱的城市，人们来来往往，接踵而行……

那时，鼠疫在伦敦安了家，就像在君士坦丁堡；由于贫民区的房子全是由木头建成，因此火灾在伦敦是家常便饭，也像在君士坦丁堡。的确，亨利八世和君士坦丁堡的苏丹何其相像。伦敦人生活在穷困窘迫之中，十字路口常有棒打扒手的情景，街上唯一通行的是一辆华丽的四轮马车，那是陛下的御车。

这时的风俗习惯很严格，甚至堪称严酷。贵夫人 6 时起床，晚上 9 时上床，通常午餐吃一斤肥肉、喝一壶啤酒，而中午用正餐也算是比较晚了。即使亨利八世的妻妾也要劳作，她们用最常见的红色粗毛线编织无指手套，并互相赠送。公爵夫人得自己照料鸡窝，并卷起裤腿在后院喂鸭子。上流家庭热门的游戏是猜命运，一位贵夫人被蒙上双眼，竟做了登上断头台的姿势，自己却一点也不知道，这个女人将来要加冕为王后，前程远大。而此时，为了参加隆重的舞会，母亲用粗布做了新衬衫，给她买五先令一双的新鞋，她就笑逐颜开。

据 1607 年 11 月的一项史料记载，在伊丽莎白时代伦敦有八个剧场，尽管清教徒们对此很愤怒。几乎所有的剧场都聚集在泰晤士河边，这就使得渡船数量猛增。剧场分为两种，一种是环球剧院这样的敞开型，在高级建筑物的内院靠墙搭个台子，没有顶棚，就在地面上放了几排凳子，建筑物的十字窗就是"包厢"所在；另一种是封闭型，有灯光照明，一般在晚上演出，时当最有名的演员亨斯勒、波贝奇都是在这类剧场演出。环球剧院位于岸边区，即泰晤士河的南岸。

剧场的布景非常简陋。两把剑交叉加两只草垫，就代表一场战役；衬衫加在外套之上，代表骑士；管理后台女人的裙子挂在扫帚柄上，便是代表一匹有鞍的坐骑了。1598 年，一家比较富有的剧院的清点记录是："破损的摩尔式椅子、一条'龙'、一匹带腿的'马'、一只鸟笼、一块岩石、四只'土耳其人'的'脑袋'（包括穆罕默德老人的在内）、象征伦敦的一只'靶子'、威尔士亲王的三根羽毛，另外加六个'魔鬼'、骑在驴上的'教皇'……"

那时剧院的布景也非常简单，一名演员身上抹上石灰，呆立在舞台中央，代表一堵墙；他若伸开五指，那意思便是墙上有裂缝。一名演员背一捆干柴、手上提一只灯笼，后面再跟一只狗，便象征着月夜，灯笼含有夜色皎洁的意思。观众觉得很滑稽，却没想到这是受了但丁的启示（见《地狱篇》第 20 章）。这种布景因为《仲夏夜之梦》而为人们所知。

在这样的剧院，随便找一块布与舞台隔开便是所谓的"更衣室"，演员在后面胡乱地换"戏装"。有些剧院的"更衣室"仅用旧的壁挂遮挡，观众可以窥见演员用碎砖块把面颊抹成红色，用蜡烛烤烤瓶塞画上胡子；观众有时还可以看到上了妆的面孔探头探脑，似乎唯恐误了场；或者忽而探出一颗脑袋，分明是男扮女装的角色。还有巡回欧洲的剧团来演出，甚至还有哥特风格的喜剧上演。法国有《巴特兰讼棍》，英国有《戈尔登大娘的一根针》。

来剧院看戏的有绅士、小学生、士兵，还有水手。常常是演员在台上手舞足蹈，绅士、军官们却漫不经心地站着或蹲着，有时甚至背对着舞台，他们嘻嘻哈哈、打打闹闹，态度骄横傲慢，弄得台上的演员不知所措。观众厅的低处坐着底层社会的坏小子，到处都是凌乱的啤酒瓶和随手乱扔的烟斗。莎士比亚便是在这样的剧场步入剧坛，由最初看守马匹的仆童成了观众的"引导者"。

1580 年，伟大的女王统治下的伦敦剧场便是如此。一直延续到一个世纪以后。像莎士比亚一样，莫里哀也在破乱的剧场里开始了自己辉煌的戏剧生涯。

法兰西喜剧院的档案中有一卷四百页未曾发表过的手稿，用细羊皮纸装订，并以白色皮饰带系住，这是莫里哀一位伙伴的日记。他对莫里哀奉王室之命进行演出的剧场描绘如下：……三根大柱以及腐烂后又撑起来的横梁；半个形同废墟的露天大厅；在日记中，1671 年 3 月 15 日这样写道："由于剧院的屋顶是由绳子绑起来的一大块蓝色帆布，剧院决定修个可以覆盖整个大厅的屋顶。"

剧场的照明和取暖都是由莫里哀和高乃依自己负担，如由于某一剧本而增加的额外费用，同样需剧作家承担。《日记》中有这样的记载："蜡烛，三十金法郎；门房燃火，三个金法郎。"当时交由莫里哀使用的剧场不过如此。

路易十四并非不富裕，他常常赏赐王公贵族，一次就高达 20 万金法郎到 80 万金法郎不等。然而，在 1663 年 4 月的《日记》中有这样的记载："几乎与此同时，莫里哀先生作为有识之士，国王赠送他一千金法郎的年金，并正式造册。"莫里哀去世之后，以"教区助理"名义葬在圣·约瑟夫，国王对他恩佑备至，"恩准将其陵墓抬高一尺"。这就是路易十四对文艺的"慷慨鼓励"。

前面我们已经得知，莎士比亚曾经在剧院门口充当仆童，这基本上等同于流浪街头。然而他最终踏进了剧院的大厅，先在后台担任"呼叫者"，于1587年开始负责给有些剧本的演出递道具。后来又成为"群众演员"，进而升为"正式演员"。在此期间，他与两位演员成为朋友，这两人在他死后成了他的出版商。

伦敦剧团里很多人都是从小就入行，并一直勤学苦练。莎士比亚二十几岁才进入这个行业，如非天赋过人及惊人的毅力，必定难以成功。他必然在先天上有过人的好条件，并在戏院仔细揣摩，才有飞速的进步。

莎士比亚长得很英俊，高高的额头、深沉的目光、淡褐色的胡子，能言善辩。他喜爱谈蒙田，并经常光顾阿波罗饭馆和"美人鱼"俱乐部。他在阿波罗饭馆遇到两位常来看戏的客人，其中一位曾写书专章叙述"英俊男子看戏时应有的举止"，而另一位在日记手稿中详细记录了《威尼斯商人》和《冬天里的故事》首演的经过。莎士比亚曾经在"美人鱼"俱乐部遇到一位绅士，因为那个时代不论在巴黎、马德里或者在伦敦，显贵们都乐意在俱乐部的基金会里挂上自己的名字。在那里人们既是醉汉，又是才子。

莎士比亚的第一个剧本是写于1589年的《伯里克里斯》，两年之后创作了《亨利六世》，并于1594年续写并完成；1593年创作了《驯悍记》；1595年创作《雅典的泰门》；1596年创作《麦克白》；1597年创作《辛白林》和《查理三世》；1598年，他创作了《维洛那二绅士》、《约翰王》、《爱的徒劳》、《错误的喜剧》、《皆大欢喜》、《仲夏夜之梦》和《威尼斯商人》；1599年，创作了《罗密欧与朱丽叶》；1600年，创作了《终成眷属》、《亨利四世》和《亨利五世》以及《无事生非》；1601年，创作了《第十二夜》；1602年，创作了《奥赛罗》；1603年，创作了《哈姆雷特》；1604 年，创作了《裘利斯·凯撒》和《一报还一报》；1606年，创作了《科利奥兰纳斯》；1607 年，创作了《李尔王》；1609年，创作了《特洛埃勒斯和克蕾雪达》；1610 年，创作了《安东与克蕾雪佩屈拉》；1611 年，他完成了《冬天里的童话》、《亨利八世》和《暴风雨》。

我们阅读莎士比亚的剧本不能忽略当时的社会历史背景，因为几乎他的每个剧本写作时，都恰逢英国、欧洲大陆或教会发生一些引人注目的大事件。

在当时，仅有屈指可数的少数作家如马莱博和布瓦洛在本子上写作，大部分人都在活页纸上写作。莎士比亚也在活页纸上写作，并且他的剧本都是为自己的剧团而写，演员们由于时间仓促来不及抄写，都是根据原作匆匆记诵和排演。另外，由于这些几乎是流动的剧团基本上没有或者很少有《记事册》，因此，如莫里哀一样，莎士比亚的手稿便散失甚至丢失。

莎士比亚的剧本唯一的出版地就是剧场，如果演出时间比较紧迫根本就没有时间印刷，即使偶尔付印，书名也是仓促之间拟定，而且大多数莎士比亚剧本的创作时间也是含糊的。

上文首次对莎士比亚剧作的创作日期进行了编排，只能是大体如实。其中《雅典的泰门》、《辛白林》、《裘利斯·凯撒》、《安东与克蕾雪佩屈拉》、《科利奥兰纳斯》和《麦克白》，这几个剧本的写作，乃至演出日期都仍然存在疑问。有些年份莎士比亚的创作颗粒无收，一片沉寂；有些年份似乎五谷丰登，创作颇丰。据记载，在 1598 年他共创作了六个剧本：《维洛那二绅士》、《错误的喜剧》、《约翰王》、《仲夏夜之梦》、《威尼斯商人》和《皆大欢喜》。根据演出记录，1604 年写了《一报还一报》；《亨利八世》演出时正值"环球剧场"失火，因此推断此剧写于 1611 年；

1593 年《驯悍记》首演，1601 年《第十二夜》首演，1602 年《奥赛罗》首演。

在 1607 年的圣诞节，《李尔王》首演，博佩奇饰演李尔王，国王莅临观演，南安普顿勋爵也到场观看，莎士比亚曾在 1589 年将《阿童尼》献给这位勋爵。

1597 年，莎士比亚失去了儿子。1601 年 9 月 6 日，莎士比亚失去了父亲。此时，杰克一世让他经营一家剧院，莎士比亚成了剧团团长，并在"环球"享有特权。但他仍然要接受宫内大臣的"书刊检查"：有些剧本可以演出但不能付印；在《亨利五世》和《无事生非》的标题旁边还留有批语："8 月 4 日，暂停上演。"今天，这些禁令的原因已经无从知晓了。

1613 年，杰克之女伊丽莎白一世，以及波西米亚国王等来"环球"观看《暴风雨》的演出。在这部戏剧中，米兰公国公爵普洛士丕罗和女儿被骗至荒岛，度过了二十年的光阴。

他将自己过去经历的偷猎冒险也搬上了舞台，创造了一个滑稽可笑的人物福斯塔夫，让他在舞台上猎杀黄鹿。16 世纪末，如同莫里哀一样，晚年的莎士比亚很富裕。许多人向他求援，但他一般会婉拒，让对方失望叹息。

莎士比亚热爱自己的故乡，他的父亲终老于那里，他的儿子也葬在那里。他在那里拥有一座房屋，取名为"新地居"。有些研究莎士比亚的学究，对房屋的归属或是否请人修建也曾做过一番考证，然而这类问题不值得深究。

莎士比亚离开故乡将近 11 年之后，可能于 1596 年返回故居，然后迅速料理了他家里的各种事务。此后，诗人时常会回到家乡，并在"新地居"住上一段时间。一般也会路过牛津，在那里一家名为"皇冠旅店"的旅馆小住几日。女店主漂亮又聪明，被称为达夫南夫人。1606 年，达夫南夫人生了一名叫威廉的男孩。1644 年，这个长大了的孩子——威廉·达夫南爵士写信给罗切斯特勋爵："我是莎士比亚的儿子，这是我妈妈的荣幸。"这就像是在法国，现在人们热切期望和法国大革命时期君主立宪派的领袖米拉波攀上关系一样。

莎士比亚有两个女儿，都在他在世的最后几年结婚。一个嫁给医生，一个嫁给商人，尤其是后面这位商人女婿，他不识字，以画十字代替签名。

1613 年，莎士比亚回到了爱冯河畔的斯特雷福，蛰居在"新地居"。此前不久，也许由于手头拮据，他靠出租房子得到一点进款。那出租房屋的契约 18 世纪还在，后来遗失了。他不想再回到伦敦，在"新地居"专心侍候自家的花园，只关心花花草草，似乎忘掉了剧本。他种下了当地第一棵桑树，犹如伊丽莎白女皇 1561 年带头穿上了丝袜。

1616 年 3 月 25 日，莎士比亚自感病笃，于是口授立下长达三页的遗嘱，并逐页签了字。他留下了一份详细的遗嘱，甚至详列出了他所穿的衣服与他镀银的碗。由于手瑟瑟发抖，第一页上只签了"威廉"的名字；第二页签上了"威·莎士比"；第三页签上了威廉·莎士勃"。他的独子约二十岁时已去世，这个家庭里无人继承他的遗产，但他将他的房产遗赠给了他的长女。4 月 23 日，莎士比亚去世，这一天他 52 岁（他出生于 1564 年 4 月 23 日）。

同一天，另外一位和他同样伟大的天才塞万提斯去世。莎士比亚去世时，弥尔顿 8 岁，高乃依 10 岁，查理一世 16 岁，克伦威尔 17 岁。

第二节　莎士比亚作品的传播

　　他的一生经历了许多痛苦，遭受了许多侮辱，他生前就已亲历。在他的自述诗中可以读到这样的诗句："我的名声被诽谤，我的性格被贬低；请怜悯我，此刻我正屈辱而忍耐地喝着酸醋。"（《十四行诗》第 111 首）"您的同情抹掉了俗人强加在我名字上的种种责难。"（《十四行诗》第 112 首）"你不能公开给我恩宠，免得有辱你的名声。"（《十四行诗》第 36 首）"批评者比我还脆弱，但仍在窥探我的种种弱点。"（《十四行诗》第 121 首）本·琼森是一位平庸的戏剧诗人，莎士比亚在他初出茅庐时曾大力相助，然而他却一直是莎士比亚身边嫉贤妒能的人。

　　伊丽莎白统治英国长达 44 年，这位君王被有些老派的历史学家称为"文学艺术的保护人"，他们惯于给君主发这类证书，不管他们识不识字。事实上，伊丽莎白女王驾崩时莎士比亚 39 岁，但她从未注意过这位剧作家。莎士比亚用了最美、最动听的名字歌颂伊丽莎白，但终归徒劳，那些作品未曾得到女王的关注。她似乎更加在意那些辱骂她的作品。

　　伊丽莎白女王的父亲杰克一世，曾让莎士比亚在"环球"剧院享受特权，但明令禁止发表他的剧作。那个时代的人注意到了他，并且会提到自己看了他的某一场演出，仅此而已。莎士比亚一死，就作为芸芸众生中的"无名之辈"没入历史的尘埃。

　　1640 年到 1660 年，清教徒取缔了艺术、关闭了剧场，给整个英国剧坛蒙上了裹尸布。直到查理二世时，剧坛复兴，然而莎士比亚的作品已销声匿迹。路易十四附庸风雅的趣味传入英国，查理二世深受其影响，变得不大像"伦敦人"，而更加像"凡尔赛人"。他的情妇是一位法国女人，他的"朋友"是法国国王的金库。

查理二世的一位宠臣敌视议会，曾说："我的主人宁可做路易十四的总督，也不要五百名英国狂人做奴隶。"此时已不是英国的共和时期，那时克伦威尔被称为"英国和法国的护国公"，并迫使路易十四接受"法国人的国王"的称号。

在斯图亚特王朝复辟时期，莎士比亚完全销声匿迹，《麦克白》仅存留了他的庶子达夫南改写的剧本。德莱顿自己的剧本完全可以翻译成拉丁诗文，他在论及莎士比亚时认为他"过时"了。德莱顿在杰克二世的宫廷任职，而他的主人杰克在登基之前曾对他的长兄说："您为什么不让人吊死弥尔顿呢？"

显而易见，在这样的时代，在英国这样的保守又顺从的国度，莎士比亚已经被时代遗忘了。有人捣毁了他的故居"新地居"，几名神职人员甚至烧掉了那棵莎士比亚亲手栽种的桑树。到了 18 世纪初，莎士比亚彻底地消失了，鲜为人知。1707 年，有人自称偶然读到"一位不知名的作家"的剧本，并受启发出了一本书《李尔王》，而这位不知名的作家正是莎士比亚。

1728 年，伏尔泰把威尔·莎士比亚的名字带回了法国，不过他把"威尔"读成了"吉尔"。于是，在英国已经销声匿迹并依然鲜为人知的莎士比亚，在法国开始被评论家们评头论足，他的作品也受到了人们的讥讽。

莎士比亚的作品在法国的命运正如《李尔王》后来在英国的出版一样，法国出版了两个版本的《皆大欢喜》，《无事生非》作为其他剧本的故事"梗概"也被出版了两次。《辛白林》、《克里奥兰纳斯》和《雅典的泰门》都被改编过四次。而剧本的原作者——莎士比亚此时却不被人重视。

　　然而在 18 世纪，正是伏尔泰对其作品无休止的冷嘲热讽，使得莎士比亚作品在英国有了一定程度上的复兴。一时间大量莎士比亚的剧作被改编，伽里克改编并上演莎士比亚的剧作，并承认那是莎士比亚的作品，并在格拉斯哥重印刷了这类剧本。

　　莎士比亚的坟墓上立着一尊小小的半身塑像，艺术平平，模样也令人怀疑，但因为是莎士比亚同时代人的作品而备受尊重。如今坊间所见到的各种莎士比亚画像，无不是依据这尊塑像。一位平庸低劣的文人肆意评论莎士比亚的剧作，并在他的坟墓上胡乱涂抹，被涂抹的正是这尊半身像。这位名叫马隆的莎士比亚评论家兼剧作家，在他坟墓的塑像上涂抹了一层白灰，在他的作品上增添了几分愚蠢。

第二章　莎士比亚与历代天才

天才就是俗世的教皇，

艺术是大自然的第二根枝丫，

艺术与大自然同样怡然生发，

那让我们给上帝也下一个定义：

在有生命的无垠境界，

广袤的无垠转化为潜在的自我，

这就是上帝。

第一节　天才与创作

从绝对的意义上讲，在伟大的艺术面前人人平等。笔者在后文中将经常提到"艺术"这个词，在深入探讨之前，请允许我们评估一下"艺术"这个词的内涵。

"艺术"和"大自然"，这是两个意义几乎无关的词。当我们提到这两个词中的任何一个，就意味着引经据典、意味着从深沉的境界里发掘理想，也等于揭开天启般创造的一方帷幕。

上帝首先是通过宇宙的生命向我们显现，其次是通过人的思维，这两者同样神圣。前者名为"大自然"，后者称作"艺术"，那么就会有这样的推论：诗人即神父。

> 天才就是俗世的教皇，
> 艺术是大自然的第二根枝丫，
> 艺术与大自然同样怡然生发，
> 那让我们给上帝也下一个定义：
> 在有生命的无垠境界，
> 广袤的无垠转化为潜在的自我，
> 这就是上帝。

上帝是明显存在的"不可见之物"。浓缩的天地，是上帝；上帝的扩张，就是整个世界。继续讨论的前提是：我们不相信上帝之外的任何东西。上帝通过人创造艺术。他没有别的工具，他的工具就是人的头脑，而这头脑是创造艺术的人自己铸就的。

英国有一本小册子竟然说莎士比亚会魔术，认为魔术是他的祖传技艺，并且以为他的剧本里许多精彩之处全赖"鬼魂"口授。我们不该回避任何问题，这是历代的人所犯的一个非常古怪的错误：总是将某种未知的帮助强加到人的头脑中。当一部作品具有超凡脱俗的魅力时，人们就想象把某种人类之外的因素归入其中，古代是三脚架，当代是桌子，其实桌子不过是三脚架的卷土重来。苏格拉底自称魔鬼附身、摩西依靠丛林等。如果信以为真，那就是上了形象化比喻的当。

不论是会旋转或者会说话的桌子，早已沦为人们的笑柄了。然而要明白一点：这些讥笑都不能作数，因为用嘲笑代替深思很容易却不科学。

我们认为：在狭义上，科学的职责在于探索种种现象，科学是天真无邪的，谁都无权嘲笑它。如果一位学者把可能的事情当作笑话，那他就近似白痴了。科学应当期待出乎意料的事情出现，它的职责就是抓住这些事情，并仔细地发掘，去伪存真。科学对事实只有认可的权利，并且应当在核实之后加以辨察。人类的全部发展过程就是筛选，并去伪存真。"伪"搅乱了"真"，但不能因此全盘否定。从什么时候起，竟可以因为"莠"而丢掉"良"？锄去毒草，即"错误"，然后收获事实、并将事实连接在一起。科学是事实做成的花束。

科学的任务是研究一切、探索一切。在这个世界上不论是谁，都有权利也有义务做研究。对一种现象回避并拒绝给予应有的重视、驱赶它并斥之于门外、嘲笑并背对着它，那就无异于让真理破产、使科学成为空谈。如果我们对古代的"三脚架"和近代的"桌子"也不妨观察一下，那肯定有益于心理学的发展。另外，需要补充一句：任凭人们轻信各种现象，那都是对人类理智的背叛。

荷马曾断言忒尔菲的三脚架会自己走路，他在《伊利昂纪》第 18 章中称，这是因为武尔坎为其制造了无形的轮子，然而这种解释对了解这一现象的本质并无助益。柏拉图声称迷宫里的雕像都有自己的思想，并且敢于违抗主人的命令。它们在黑暗中伸展双手或者做鬼脸，为了不让它们逃脱必须将它们捆住，所以称它们是一群用链子锁住的奇怪"犬类"。

公元 4 世纪，武士叛乱中有所谓"旋转的桌子"，桌面用铜质或锌质平板做成，并装有圆形的刀刃。从以上的事实我们可以看出，这种实物与诗人灵感相联系的现象一再被否定、却又一再死灰复燃。

笔者想指出，不论轻信的人怎么说或者怎么想，诗人的灵感确实与此类三脚架或者旋转桌子都毫不相干。古代的女预言家拿着三脚架，诗人却不需要，因为诗人自己就是上帝的三脚架，诗人的灵感是直抒胸臆的结果。

上帝创造了人的大脑，它就是思想的美妙蒸馏器。上帝创造大脑，就是要让一切思想都经过它，天才的脑中拥有一切必要的东西。思想从大脑中生长发育，犹如树根生长孕育出水果，思想是人类结出的果实。树根在土壤中发育，大脑借助上帝在无垠中孕育成长。

认为《李尔王》的写作灵感来自于三脚架或者旋转桌的授意，实在错的离谱。这些都是凡人的作品，上帝没有必要让一块木头来帮助莎士比亚或者卡尔德隆，所以我们要撇开这些来讨论诗歌。

诗人擅长写作诗歌，我们要尊重并认可诗人的写作，然而谁也不知道写作的极限在哪里；无论是过去或者将来在诗人的作品中都会涉及超凡的因素，我们要注意并认真对待。同时，我们不要贬低这些凡间伟大的思想劳动者，也没有必要设想他们有神秘的合作者。来自头脑中的就让它依然存在于头脑之中，但是我们应如实指出：天才的作品是来自人类的超人之作。

第二节　历代天才的创作

最崇高的艺术领域是属于那些能力大体相当的天才，他们的杰作旗鼓相当。水达到一百摄氏度之后就不能再增加热量，也不能进一步上升，人的思想上升到一定的高度也就达到顶峰。埃斯库罗斯、约伯、菲迪亚斯、以赛亚、圣·保罗、尤维那利斯、但丁、米开朗琪罗、拉伯雷、塞万提斯、莎士比亚、伦勃朗、贝多芬，还有另外少数几个，他们便是一百摄氏度的天才。

人类的精神领域有一个顶峰，这顶峰便是理想之巅。上帝从这顶峰走下来，而人类要走上去。每个世纪仅有三四位天才人物才能进行这样的攀登，世人只在低处用目光仰望追踪。这些冒险者在山上行走，没入云端，消失而后又再现；他们沿着深渊前进，绝不停步；人们窥探他们、观察他们，若有人走错一步，某些观察者就会暗自窃喜。

他们走得远、攀得高，人们只能看见远处几个小的黑点。人群中有人道："多么渺小！"但他们是真正的巨人。道路艰险，崇山峻岭如何能轻易翻越！步步有壁垒、处处有陷阱，然而他们继续前进。他们必须自筑阶梯，破除冰块，怀着悲愤一往向前。高处不胜寒，风雪狂卷，空气已无法呼吸，但这些"疯子"并不气馁。

他们愈走愈艰难，周围的深渊增多。一些人跌落，另一些人停步、向山下退去。阴郁懒散的情绪在蔓延，然而大勇者仍在坚持前行，带着使命的人毫不妥协。可怕的斜坡在脚下崩塌，苍鹰凝视着他们，雷电与他们摩肩接踵，飓风突起，他们无所畏惧！他们不屈不挠地攀登，已经登上巅峰，可与之平起平坐的是：荷马。当然，还要补充我们刚一一提到的名字。

下文写作仅限于作家和诗人，我们将对这些天才逐一进行研究。那么，他们中谁最伟大呢？我的回答是，他们全都是最伟大的天才！

荷马跻身于天才之列，被称为孩童诗人。在世界诞生之初，荷马是黎明中的飞鸟，尽情歌唱在人类的童年。荷马具有清晨圣洁的憨厚，几乎不知阴暗为何物。

荷马描绘了一个广阔的世界。那里是混沌世界、天地之间、神中之神、王中之王、人民、庙宇、城池、海洋；有攻击与俘获，特洛伊战争中的英雄狄俄墨得在战斗，《奥德修纪》中的尤利西斯在漂泊，驾一叶小舟曲曲折折寻找故国；有巨人和侏儒，有英雄和凡人；有一幅地图、奥林匹亚山上众神的王冠，烈火烧成的洞穴、冥河、宿命；有司祭、母亲、受惊吓的幼儿、会记事的狗；有白胡子吐出豪言壮语、英雄显露弱点、友情夹杂着爱情、愤怒与水蛇；武尔坎主宰天堂的笑、瑟赛蒂斯表现尘世的笑、对未来婚姻的预言以及朦胧中古代世界的远景。

荷马描写了战争和远行，那正是人类相遇的两种原始的方式。军队袭击圆塔，而远行探索未知的世界是另外一种袭击——袭击不可知的世界。围绕战争，有种种激情；围绕远行，有种种冒险。荷马有两部巨著《伊利昂纪》和《奥德修纪》，第一部充满血雨腥风，第二部充满光明。

荷马把人写得比实际中更伟大，这些巨人个个有别，丝毫无单调之感。他们勇猛地上前去抬巨石，即使十二头牛也挪不动。荷马铸就英雄，又打碎模型。荷马是一位天才，他解决了艺术中最美的问题：通过夸张地描写人的伟大，来真实地反映人类，即寓现实于理想。童话加历史、虚构加传统、幻想加科学，就是荷马的创作风格。

荷马是深邃无垠的，他总是面带微笑。在这位天才的广袤天空下，远古世纪所有内容厚重的事物都生动无比，被映照得光华四射。荷马为人们所热爱，胜过他所有的对手。希腊人视之为神，有"荷马司祭"举行仪式专门对其顶礼膜拜。荷马的神话超越了异教时期。米开朗琪罗说：当我读荷马时，会情不自禁地看看自己是否也身高二十尺!

荷马像太阳,周围有行星围绕。维吉尔、塔索、弥尔顿、克罗卜史托克、伏尔泰等各自写就伟大的诗篇,他们如同行星围绕着荷马运行。他们将荷马的光辉映照到各自的"月球"上,并在荷马开创的广阔轨迹上以各自不同的距离运行。这就是荷马,史诗之初创者。

在四十个世纪之前,约伯开创了戏剧。虽是如同新生的胚芽,其实已成巨人。他让恶向善挑战,让耶和华与撒旦对视,情节以此展开。人间就是剧情发生的地点,人类是战场,各种灾难依次登场,便是戏剧的主角。

约伯的太阳与荷马相同,但已不是黎明而是正午。这诗篇的最伟大之处在于太阳是狠毒的,那落在沙漠上的强光,充塞着这白热化的诗篇。约伯的身影矮小黯淡,他在粪堆上大汗淋漓,热带苍蝇在他的伤口上嗡嗡乱叫。约伯头顶这可怕的阿拉伯太阳,它是丑恶的培育者、灾难的扩大者,能将猫变成虎、四脚蛇变为鳄鱼、猪猡变为犀牛、鳄鱼变为巨蟒。

比摩西更早的远古年代,生活着约伯和阿拉伯长老。在接受上帝的考验之前,约伯很幸福,他在诗中写道:"他主持宰祭和各种祭祀仪式,是整个东方最崇高的人,是耕者之王;晚上,他祝福大地;他很善良,遇到穷人无不施舍以钱财;他是跛足者的腿、盲人的眼。"约伯能读书,会音律,据传他的诗篇至少从第111章第3段结束都以韵文写就。正是因为他的幸运,尽管他被推倒在地,却在绝境中变成了巨人。

约伯的整个诗篇都围绕着一个思想:在痛苦的深渊中可以发现伟大。约伯并非得意者,他是一个神圣的倒霉者。他的伤口呈庄严的红色,他的痛苦使友人胆战心惊,他们陪他在静默中坐了七天七夜之后，才敢对他说话。约伯一边用瓦片碾碎伤口上的小虫，一边呼唤着星辰：他呼唤猎户星、毕宿星团以及"南方闪烁发光的物体"。他说："上帝结束了黑夜。"他关心自己的苦痛，也同情别人的不幸。他笑面苦难，但那更让人同情。

约伯有三个特别的朋友，他对他们说："你们可以像敲鼓一样敲打我。"他的言语在上帝面前是顺从的，在君王面前是苦涩的。他说："世上的君王在构筑孤独"，这句话发人深省：不知是指自掘坟墓，还是指统治他们的国家。

对于耶和华，他始终热爱。即使在疯狂地鞭打下，他唯一的请求只是："我可以咽下唾沫吗?"在四千年前，天文学家把"黄道带"刻在花岗岩上，约伯却将他的黄道带镌刻进了人类的思想。不过约伯的黄道带上不是布满星辰，而是苦难重重。如今，这黄道带依然盘旋在我们的头顶。

我们现有的约伯篇仅有希伯来文本，据传为摩西手撰。这样的诗人令人遐思万千，约伯是一位预言家，他从自己的悲剧中引出了教义：痛苦必将人引向上帝。约伯受难，因而拥有了自己的见解，苦难教化了人类。

在悲剧到达顶峰之后，又搅动了"山下"的哲学。他指向两千年后的事：忍让变为牺牲，最终成为走上十字架的狂烈举动，约伯的粪堆就变成了耶稣的十字架。

另一位天才是埃斯库罗斯，他将天才的创作转为神话。由于在他之前已有了约伯对痛苦的忍耐，于是不自觉中普罗米修斯以"造反"作为对约伯故事的补充和延伸。这样对人类思想的教化就完整了：约伯教给人类以责任，而普罗米修斯却体现了人类对"权利"渴望的萌芽。

埃斯库罗斯超绝而伟大，他的作品中有两个"该隐"，而

《创世纪》中只有一个。他的作品充盈着某种恐怖，在光明人物的背后某种可怕而深沉的思想逐渐形成。在黑暗的天空里，他跨海越洋，如同被驱赶的飞鸟。

他完全不按既定的"规则"行事，他粗暴、夸张、不懂得"从容"。他简直有点残酷，但却如山石缝隙里长出的野花，拥有奇绝的秀美。他并不理睬那攀登在高山之巅的朱庇特，而是自己另辟蹊径再攀高峰。

他是化身为人的古代神话，抑或是"异教的先知"。如果我们能看到他的全部作品，那将会是一部《希腊圣经》。他如岩石般坚强、如海涛般咆哮，他的作品处处是险峰、湍溪和深渊；他是如此伟岸，有时你觉得他仿佛变成了高山之巅；他的作品比《伊利昂纪》晚，但却深沉厚重如荷马的前辈。

这些天才中还有一位，高居人类之上，好似广袤天空中的霹雳，他就是以赛亚。他是一位伟大的谴责者。他的文风如夜空中的云朵，随着一个个人物形象的出现，照亮了整个忧患思想的深谷。你不禁会惊叹：他照亮了世界！

在人类的文明世界中，"恶"的到来先于"善"，以赛亚紧紧地揪住了"恶"。在战车的隆隆声中，在节庆中、凯旋中，他站出来高呼：肃静！他谴责巴比伦和耶路撒冷，给压迫者定下末日，向强者宣告未来的死亡，给偶像和圆塔限定了日期。他那预言的波涛泛滥向大地。

他站在文明时代的门口，却拒绝进入。他那来自沙漠的声音，代表着沙漠、荆棘和狂风，向着人群呐喊，要求征服城池所在之地。因为在文明时代的城墙内，有暴君和奴隶，亦即傲慢和耻辱。"恶"在那里，体现在人的身上。在荒无人烟的地方仅有野兽，而在人的城池里却有丑恶的怪物。统治者的罪恶、奴仆的卑微、偶像崇拜、穷奢极欲、战争、淫乱和无知，以赛亚曾经谴责的种种丑恶依然存在，所以他是永恒的"当代人"。

以西结是众多天才中的野兽式先知，是洞穴中的天才，适合于表现其思想的方式是怒吼。这野人向世界宣告一件事：人类的进步。这是上帝奇妙的安排，以赛亚破坏了文明，而由以西结来重建。

以赛亚拒绝文明，而以西结接受并改造文明。在以西结发出的柔声怒吼中，大自然与人类相互交融。约伯提出了责任的观念，埃斯库罗斯提出了权利的观念，以西结带来了第三个观念，即综合成果：人类将进化，未来的人类将愈益获得自由。

以西结认为人类的未来如旭日东升，而不是日薄西山，他的观念给了人类慰藉。他呼吁人类现在工作是为了未来。因此，请努力工作，并寄希望于前程。他让人在压迫中遥望自由，他宣布和平，就如同别人宣告作战一样勇敢而坚定。

他预言和谐、善良、温和、团结、种族的联合，以及爱情。他是向人类行善的巨人，让人敬畏。他是愤怒的行善者，他对人类的恶行怒吼，甚至咆哮。人们既怕他又恨他，他宣称"我住在大蔷薇花丛中"，他身边的人由于害怕都如身上长满刺般，以求自我保护。

他变得那样刺目，竟充当了"苦难人类"和"低贱人民"的化身。他自愿让自己成为苦难中的约伯。他在自己的家乡，让人用绳子把自己绑起来，终日沉默不语，如同奴隶。在公共广场上，他吃起粪便。他意在表明：接受某些人的统治，就等于食用粪便。主子将肮脏的思想放进奴隶的灵魂，就如同将粪便放进人的胃里。哦，以西结！您竟献身到这等程度！您通过做这些可怕的事情，让耻辱变得一望可知。您这样做，使怯懦者望而生畏。

可敬的以西结，如猪猡般的先知，他是多么高尚！从他可怕、肮脏的嘴里吐出了熠熠生辉的诗篇。从未有过这样伟大而非凡的语言："我看见了上帝的幻影。北风劲吹，裹挟着火焰的浓云密布，暴风雨来临；我看见一辆战车，其中有四个奇异的活物，战车和活物上面是一片可怕的水晶的穹苍；车辆用人眼做成，高大而可怕！四位天使振翼的声音如同上帝的声音。"

我又看见仿佛火一样的形象伸出一只手，有个声音说："君主和长老的灵魂里有肮脏如粪便的神灵。我将从他们的胸中挖出铁石心肠，代之以血肉的心脏。在旷野中，我说：'枯骨啊，起来吧！'于是我四处观望，一些神经附上了枯骨与血肉，并包上了皮肤，但却没有灵魂。我大声疾呼：'灵魂啊，请从四面八方来吧！来吧！让这些死者复活吧！'灵魂果然来了，吹到他们的心里。他们站了起来，于是有了一支军队，出现了一个民族。那声音又说：'你们将是一个独立的国家，除了我，你们没有别的法官和君王。我将是拥有子民的上帝，你们是拥有上帝的子民。'"

这一切不是很明了吗？如果想寻找更加好的答案，那您是找不到的。在上帝的主宰之下做自由人，这吃脏东西的幻觉者原来是复活者。以西结口中是粪，眼中却充满光芒。犹太人惧怕《以西结书》，因此规定犹太人三十岁以前不允许阅读此书。司祭们忧心忡忡，对这位诗人下达了禁令。我们不能把他看作骗子，他作为先知的惊恐是无可争辩的，因为他真的看到了他所叙述的一切。

他那谜语般的预言，有些话神秘莫测，但他关于进步的幻觉是异常清晰的。以西结看到了人的四重形象：人、牛、狮、鹰，其蕴含的意思是指，人是思想、田野、沙漠和天空的主宰。没有任何疑问，未来尽在此中。

以西结如耶稣基督一样被人称为"人子"，耶稣也常提到以西结。以西结包含了三重含义：人以及人类的进步；神殿以及崇高；城市以及上帝。他对着神殿高声疾呼："这里不要祭祀，不要君主，也不要君主的骨头。"我们不禁要想：这位《圣经》中的煽动者，如在1793年，必然会助人民起义一臂之力！

他称自己建造的城池为："永恒的东方！"此后，他在黑暗中沉思，以手指向天际：那里蓝色的光芒愈益灿烂！

还有一位天才卢克莱修，他晦暗而难以为人理解。荷马包含有朱庇特，约伯之中有耶和华，而卢克莱修身上体现了希腊神话牧神潘。命运在朱庇特的头顶，显得异常伟大；牧神潘在卢克莱修那里同样伟大。

卢克莱修喜欢旅行，思考对他来说就是另外一种旅行。他到过雅典，研究希腊，接触过希腊的哲学家。他思考过分子和空间，他的沉思遐想竟成为开创性的学说。他猜想印度的情况，他像毕达哥拉斯一样，曾在幼发拉底的两所神秘学校学习，在那里与犹太学者相遇。他还曾与提洛斯岛的采珍珠者一起生活。谁也不了解他经历了怎样的思想冒险旅程。

人们曾发现过一条他曾经的旅行路线，后来使徒出行就走这条路。走在这条路上，人们见到捕蛇民族，可以到阿拉伯沙漠边缘的博索尔河引水，可以看见大象、白色的香火、绿玉似的山峰、抢劫遇难者的海盗、黑人的国度、鳄鱼之城、恶犬之城，甚至可以到达所罗门的城市。这就是思想家的奇妙旅程，卢克莱修走过这条路吗？谁也不能确定。

卢克莱修旅行颇多，阅人无数，以至于人间万象在他的眼里混作一团，犹如魑魅魍魉。也许他曾询问过鬼怪变成的波涛、和被砍伐的树干交谈过、在芦苇丛中聊天、遇见过两个脑袋的"鱼人"——上面是人头，下面是水蛇头，从下面的嘴里饮混沌水，再从上面的嘴里吐出。卢克莱修的见识惊人。

他将世界极端地简单化。他将古老帷幕浸入黑暗王国的水中，从中拧出悲惨的诗句，时而如倾盆大雨，时而细雨蒙蒙。他似乎深不可测，他的诗句有时刚劲有力，有时塑造的形象浑然天成，如同直接来源于大自然。这样的诗句维吉尔也望尘莫及。

卢克莱修凝视着上帝的"谜语"，盘根究底，置身于现实与不可知的世界之间。他先后为两个深不可测的问题所吸引：当他观测原子时，他笃信宗教；当他窥见真实时却变成了怀疑论者。无论他是表示肯定，抑或否定，同样都展现了他个人深沉的两个侧面。

他曾登上各种大舟小楫，到叙利亚、埃及和印度去。一日，这位旅行家自尽身亡。他觉得那漆黑的地方很新鲜，他想去看一看。他"渡"上了一块棺木，自己解开绳缆，用脚蹬岸，把这阴森的小船推向黑暗。这一次，他朝着死亡出发，随着浪涛起伏，漂向远方。

天才尤维纳利斯，具有卢克莱修欠缺的一切：欲望、激情、热诚、悲剧的烈火、对正义的渴求、复仇的笑声、独特的个性以及人道精神。

尤维纳利斯居住在造物主创造的某个城市，并对此很满意。他觉得可以在自己的有限居所找到一切滋养并充实他那颗正义和愤慨之心的东西。卢克莱修的视野在寰宇，而尤维纳利斯就聚焦在自己的城市周围。

伟大的城市罗马！在这里他们两人即成为两重声音：人间和城市的声音。尤维纳利斯在罗马帝国之上拍打着巨翅，犹如兀鹫在蛇窝上伸展羽翼。他猛冲过去，一只一只吃掉它们，从名叫尼禄的皇帝这条毒蛇，到名为恶俗诗人的小小爬虫。最可怕的事情莫过于恺撒们的寝床战栗，尤维纳利斯是已消亡的共和国古老的自由之魂。他的心中有一个罗马，雅典和斯巴达均已熔铸于它的青铜之中。他的诗中有亚里斯多芬的痕迹。提防他！他很严厉。他的七弦琴一弦不缺，他的鞭子也完好无损。

他的形象无比丰厚，集高傲与古板、肃穆与光华四射、激烈与庄重以及公正于一身。他的玩世不恭是愤怒的含蓄表现。在他愿意的时候，严峻中透出几分优雅。他的优雅不依附任何事物，那是"自由"的具体形象，却也长着利爪。他的突然流露，为他的庄严平添几分欢乐。

他的讽刺诗中也有史诗，尤维纳利斯的手中握着尤利西斯的金杖。"夸张、吹嘘、夸大其词"，那些被他的诗歌所打击的人叫嚣。修辞学重复着这些批评的言辞，然而这实在是他的光荣。尤维纳利斯的怒斥已燃烧了两千年，那是诗歌的熊熊烈火，在诸世纪的目光下燃烧着罗马。这壮观的烈焰未因时日而消减，却在浓烟飞卷过后，燃烧得格外炙热。它将充满着璀璨智慧的光芒射向我们法国文明，这是自由之光、诚挚之光和英雄精神的光芒。高乃依诸人，不都是从尤维纳利斯那里射出的光芒吗？

接下来的一位天才是历史学家塔西陀。同尤维纳利斯一样，他身上体现着自由。他用自由的尸衣充作法袍，起诉暴君。一个人的灵魂就变成了一个民族的灵魂，这个人便是尤维纳利斯，这个人也是塔西陀。作为谴责者的诗人身边，一位作为惩罚者的历史学家站了起来。塔西陀在犯罪现场抓获了这些罪犯，即这些君王，坐在天才的象牙椅上召见、审判他们。

罗马帝国的历史是长长的犯罪记录单，这些罪行始于四个魔鬼君王：提比略、卡利古拉、克劳狄和尼禄。提比略是窥探世界的眼睛，如同间谍。他是第一个敢将为人民制定的君权法用来为一己服务的独裁者。他懂希腊文，风趣、聪明、语带讥讽、振振有词、手段恐怖。他是公民的刽子手，告密者的君王。他杀害骑士、元老、自己的妻子和家人，与其说是杀害不如说用匕首从背后暗杀。

他在野蛮人面前卑躬屈膝，竭尽卑鄙无耻之能事。他发明了种种恶行，并为之命名。他已老迈，却在后宫选童女；他干瘦、秃顶、驼背、身上长满疮痍、浑身是脓包，到处贴着膏药，却头戴桂冠；他的溃疡像约伯那样可怕，但手握着玉笏。他选择接班人，正如毒蛇选中老虎，卡利古拉被认为是合适人选。突如其来的幸运让卡利古拉战栗，奴隶变成了主子。

卡利古拉登基之后，将他昨日的惊恐变为了残暴。他是疯狂的君王，无人出其右。他面对错杀无辜的刽子手，阴险地笑着说："被判刑的也就是一死，彼此相当。"他让一个女人被狗活活吃掉，仅仅为了取乐。他荒淫无度，当众睡在三个赤身裸体的亲妹妹身上。他的一个妹妹死了，他说："你们谁不为她哭泣就杀了谁，因为她是我的亲妹妹；谁要为她哭泣，就把谁钉上十字架，因为她是女神。"

他还把自己的一匹马封为教皇，就像后来的尼禄将他的猴子封为神。他呈现了一个悲惨景象：在绝对的权威下，人的头脑被消灭。卡利古拉是恶的代表，他是男妓、作弊者、盗贼、古典文化的毁灭者、渴望统治全世界的妄想者、意淫自己的母亲、诅咒帝国瘟疫肆虐、饥馑、战败、狂想自己是神。他甚至期望全人类只有一个脑袋，然后将它砍下，这就是卡利古拉。他强迫儿子看见父亲惨遭酷刑、丈夫看见妻子受辱、并让他们违心地笑。

克劳狄尚未成年就登上了权力的顶峰，成为一代暴君。他戴上了王冠，却胆战心惊，躲藏在山洞中，人们将惊恐万状的他拉出来推上了宝座。他惶恐不安，虽然有了王冠，却不敢肯定能保得住性命。最后，他安心了。

他下令给字母表增加三个字母，看似白痴的他其实也精通学问。有人绞死一名元老，他说："虽然我没有下令，但已然这样，那就这样吧。"他的妻子当着他的面淫乱，他却看着她问道："这个女人是谁？"他似乎只是存在于这个世界的影子，但这个影子却要将世界压垮。最后，到了他退场的时候了。他毒死了妻子，并丧命于自己的医生之手。临终，他呼喊："我得救了！"

尼禄是有史以来最令人生厌的人。这个卑劣的人终日懒洋洋，寻欢作乐以消磨时日。他自命为诗人、歌唱家、马车夫，不是残酷施虐便是耽于淫乐；他还曾尝试改变性别，给太监当丈夫，同时又让自己成为奴隶的妻子，并站在自己的"妻子"和"丈夫"中间于罗马街头散步。他还有两个乐趣：一是看人们冲上前抢金币，二是看狮子撕咬人。出于懒散和无聊他弑父，出于好奇他纵火。

塔西陀为这四个暴君准备了绞架，他将他们统治的"果实"挂在了他们的胸前。他的著作《卡利古拉》已经失传，这类书籍的失传或者消失也是合情合理的，因为阅读这些就已经是罪过。后来有人因为读另外一个版本的《卡利古拉》，被下令扔去喂野兽。这样的时代，不论上层还是下层，其残暴程度实属骇人听闻。

高卢人的暴虐反映了罗马人的残酷。高卢爆发暴乱，人们作恶的程度超过了你想象的极限，塔西陀目睹了种种惨绝人寰的暴行。他冷峻地记录了这段历史，让读者作出判断。塔西陀的笔力在诸位君王的肩上留下了烙印，那刺目的伤疤长存于历史的卷帙。尤维纳利斯笔力遒劲，他既抨击恺撒又痛贬人民，笔锋所向无所不包，冰雹突降、万箭齐发；而塔西陀却像烧红的烙铁，命中要害。

天才圣·约翰是一位贞洁的老人。人类无法摆脱爱情，但有少数人抵制了人类繁衍的规律。于是奇异的灵感就有可能降临到他们身上，全部的热情的精华都化作神秘的烟云和战栗，以幻觉的形式汇聚于他们的脑海。《启示录》是一部杰作，反映了作者身上这种伟大的贞洁。

年轻的约翰，温和而强壮，深爱着耶稣。《雅歌》与《启示录》都是贞洁的迸发，这种贞洁储之愈久、发之愈猛。《雅歌》是心灵深处飞出的一只鸽子，《启示录》是火山口喷射而出的巨龙。这两部诗歌在表现人的狂喜、情欲以及恐惧方面，都达到了顶峰。《雅歌》表现了狂喜汲干了爱情，而在《启示录》中确实惊恐汲干了爱情。

有人认为，在人类世界预言精神其实是正常的现象，并将其归结为常见现象。人们似乎没有注意《但以理篇》第七章的内容已经孕育了《启示录》的萌芽，正是传说将两位诗人连接起来：它让其中一位走过狮子沟，另一位下了油锅。

约翰的一生是美好的、令人艳羡的一生。约翰亲历了耶稣受难之后，自己也甘受苦难。苦难成就了他，精神的升华使他成为使徒与先知。作为主教，他编撰了《福音书》。在被放逐之后，他又完成了《启示录》。约翰头顶有奇异的羽翼在拍击，他是在雄鹰的授意下写成传世之作。《福音书》是在《创世纪》的混沌当中萌生，然后在《启示录》轰鸣雷声中宣告完成。

在最后的晚餐中，约翰将头倚在耶稣的胸前。他游离世界，热情地说着简陋的希腊语，其中混杂着希伯来和叙利亚的词汇，但却别具一种热情豪放而又粗犷的魅力。他来到耶路撒冷主教会议上，惊奇地听人们说：耶稣也是凡胎浊骨。当他面对人们的质询时，仅回答道："你们彼此相爱吧！"

他死时已 94 岁。然而传说他并未死去，而是继续生活在帕特莫斯，居住在洞穴中。约翰作为历史的编撰者，不乏可与其比肩者。但作为先知，他是独一无二的。任何梦想都与他的梦想相距甚远，因为他在上帝无垠的疆域里已经走得很远，无人能及。他的预言来自永恒，他的眼中有耶稣的光影，他的诗狂放而深沉。

凡人不理解他，因而耻笑他。伏尔泰曾说："《启示录》是一堆垃圾。"这又有什么关系！帕特莫斯的约翰是位具有卓越才华和高超见识的诗人，这位天才探知了上帝无垠的世界。所有其他诗人仅仅可以意会此种沟通，而在约翰的著作中却历历可辨，甚至触手可及。人们小心翼翼地将手放在了漆黑的门上，通过这扇门，人们走向上帝。当你阅读约翰的诗篇时，仿佛有人从背后推了你一把，那浩瀚无垠朦胧地出现，并深深地吸引你。

另一位天才是圣·保罗，他是早期基督教会的圣人。他既属于神、又属于人，他本身就是一个奇迹，他是窥见未来的人。

保罗生于法利赛人教派，少年时学过希伯来文，受过完备的犹太教育，还学过做帐篷的手艺。他曾潜心苦读，立志成为一名消灭异教徒的刽子手。然而，在一次去大马士革的路上，耶稣的启示如一道黎明的曙光从黑暗的云层中射出，他当即改变了宗教信仰，成了新的宗教最有力的支持者。从此，人类历史上有了一个可叹的故事"大马士革之路"。保罗转变的这一天是一个伟大的日子，人类历史将铭记这一天。保罗为真理打倒在地，重新站立时成为坚定的正义者。保罗的跌倒是转变的开始，这就是保罗的历史。

保罗被新的信仰推倒在地，上帝突然降临的启示使这位天才恍然大悟。当他重新站起来时，便举步向前，追随真理不曾停歇。他是兼容并蓄的领导者，他献身于教会。他以上帝的名义给各国写信。他对拉提亚人说："哦，失去理智的拉提亚人！你们怎能继续被困在枷锁内？这里将不再有犹太人、希腊人或者奴隶，你们不必再举行盛大的祭祀仪式了。我向你宣布：这一切都无足轻重，你们彼此相爱吧！你们要变为新的受造物，上帝召唤你们成为自由人！"

保罗的书信的内容写得天真而深刻，讲究分寸却富有说服力。保罗提到天国时，仿佛他清楚地看到了他们。保罗和约翰一样，他们一半属于今世，一半属于永恒。他们的思想也似乎一半在人间，另一半在广袤的无垠之中。保罗对于死亡有较多了解，这使他对早期基督教教义有独特的个人见解。他的这种独特性使得他像一个传播异端邪说的人。

彼得说："可以把保罗的意思解释为消极的思想。"实际上，保罗非常反对君主制，詹姆斯一世就通过刽子手焚烧了致罗马人的书信。保罗的若干著作被教会拒绝视为经典，但那恰恰是保罗作品中的精华。如果将保罗的《启示录》和约翰的《启示录》做一番比较会非常有趣。

也许让保罗感到欣慰的是：他仍然被教会认可为圣徒。然而保罗更加重视的是圣宠，那是来自上帝的灵感、是灵感的气息，也就是自由。保罗对圣宠的喜爱如同我们凡人对公正的渴望。由于智慧的光照使人的精神摆脱桎梏，真理的笼罩使人的心灵优美，这一点在保罗的身上充分体现。保罗的这些转变正是"大马士革之路"的价值。

从此之后，人若想有保罗的这种改变，谁就追随圣·保罗的道路。所有理解公正的人、所有希望治好"眼病"的人、所有拥有信仰的人、所有披荆斩棘的追求理想的人、所有正在为"善"服务并向往"真"的人，都会追随保罗走上这样的道路。他们在那里找到的光明将会改变事物的本质，因为光明总是与黑暗相对。光明在骤然照亮之后，就会逐渐进入到事物的内部转化为理性，但光明永远是光明。

伏尔泰如同圣·保罗一样走在"大马士革"之路上，这将是伟大天才永恒的必经之途。它也是各国人民要走的道路，因为我们每个人在人生之路上总有困难的时刻，并会恰逢奇妙的机遇。保罗在跌倒之后，重新站起来时就有基督教这把灼灼发光的利剑作为武器，刺向传统的谬误。在两千年之后，法国被这同样耀眼的光芒照射，跌倒在地，但它也将重新站立，手持真理之剑：革命！

天才但丁在脑海中构思了黑暗的深渊，在那里肉眼所见全是暗夜，不尽的焦虑在无垠的境界中发出绵绵不绝的泣诉。但丁超越了人类，为鬼魂写下了史诗。他将全部的黑暗与光明交织在一起，化为惊世骇俗的螺旋式上升。

人们俯身窥视深渊，那是火山吗？人们似乎发现那隐约可见的火山便是地狱，那已不是人间景象，人们处于无名的深渊之中。在大灾大难中呻吟的不仅是坏人，而是整个的"恶"，所有可以想见的恶行都在地狱里痛苦万状。在抵达地狱的底层之后，但丁超越了它，从无垠的另一端重新飞升。随着这种升华，他把一切理想化，于是人的思想如同脱掉外衣一般抛开了肉体。

但丁在地狱中的向导从维吉尔变为贝阿特丽丝，而在天国但丁的真正向导是诗歌。随着史诗的展开，天堂、地狱和净界同样令人不可思议，人们无法理解，逐渐失去兴致。也许人的眼睛生来就承受不了如此耀眼的光芒，不能借助天使认识自己。

此外，当诗歌变得顺耳时，也就令人生厌了。让有情人终成眷属或者让灵魂进入天堂，这就是常人的思维轨迹。但是，悲剧却在此之外。何况，当你的脚步追不上但丁时，与他何关？他独自前行，如同雄狮般勇敢。

《神曲》是艺术的奇迹，但丁是了不起的预言家！这个狂人是智慧的哲人！但丁为孟德斯鸠树立了榜样，他在《法意》中的刑法分类效法了《神曲》对地狱的划分。但丁对教皇统治时期的罗马所做的贡献堪比尤维纳利斯对古代罗马的作用，不过但丁是比尤维纳利斯更为伟大的审判者。尤维纳利斯用皮鞭抽打君主的恶行，而但丁却用真理的火焰将其烧灼。尤维纳利斯谴责暴行，但丁却将他们打入地狱。这些伟大的天才一旦将炯炯目光射向那位活着的世人，这人必将倒霉！

天才拉伯雷是高卢的化身。古代希腊人的情趣和高卢式的滑稽，异曲同工。拉伯雷是亚里斯多芬的后继者，前者刻薄后者善良。如果是拉伯雷，他会为苏格拉底辩护。

在伟大天才的行列中，拉伯雷在时间上紧接着但丁。拉伯雷继承了古代戏剧的伟大传统，将古希腊的青铜人物变做活生生的人面。这巨人就在我们当中，从我们身边走过，同我们一起哈哈大笑。但丁是悲哀的，拉伯雷是热闹的，而伏尔泰是嘲讽的。

他们都冲出教会的束缚，反对教会。天才都有自己的独创，或者发现凡人之未见。拉伯雷的发现在人的腹部，人是有头脑的复杂动物，为完成俗世的使命，人身上有三个关键：大脑、心脏、腹部；这三部分就其中每一个的功能而言，都是非常重要的。大脑主宰人的思想，心脏关乎情爱，腹部可以传宗接代。一位王后眼见自己的孩子成为敌军的人质，走上城墙指着自己的腹部说："这里还可以再生出孩子！"在巴黎动荡的年代，平民女子站在街垒中间，向敌军指着自己的腹部说："你们在杀死自己的母亲。"然而，敌军却用枪弹射穿了她的腹部。

虽然人的腹部蕴藏着英雄精神，但在俗世的生活中腹部产生了罪恶与腐朽，在艺术中则产生了喜剧。人的胸中有心脏，但头脑为它指引方向；而腹部却只有勃起的男性生殖器，它是肉身的中心。它令我们满足，却又充满危险；它包含着食欲、欲望的满足和腐烂；从这里产生的忠诚和柔情终会消失，自私的欲望会代替它们。

人的五脏六腑都易于受制于大肠，它是人身上的蛇，它代表尝试、背叛与惩罚。它会让圣歌带上酒气，诗歌变成庸俗的吟唱。这是令人可悲的真相，是人体内的兽性使然。腹部是这兽性的发源地，它的规律就是堕落。

人类情感的最高一层是《雅歌》，最低级的是粗俗下流的笑话。对于人来说，腹部是可怕而沉重的皮囊。它随时破坏灵魂与肉体的和谐，在人类历史的发展中，它是几乎所有罪恶的根源，是装有各种弊病的口袋。它以淫乐造就苏丹、以酒醉培养君王；它以金钱与女人做诱饵，怂恿暴君越过边界去追求贪欲的满足！欲望使智慧昏聩，享乐代替了意志。

酒神节一般的狂欢，是腹部最初带给人类的一丁点儿"高贵"。然而，随即狂欢变成了贪食，君王所到之地，贪食莫不紧随其后。人变成了酒囊饭袋，欲望淹没了正常的思维，被淹没了的良知无法控制酒醉的灵魂。至此，人类堕落的过程就算完成，连无耻都谈不上，只有空虚和愚昧。剩下的就仅仅是一副酒囊饭袋，空空如也：没有尊严，没有羞耻，没有荣誉，没有道德，甚至也没有灵魂；仅有野兽式的享乐和完全的卑劣。思想在欲望的餍足中日渐消沉，肉体消耗了人的精神。地球上充满灵性的人类，竟这样堕落了，人的腹部吞噬了人的精神和灵魂。

任何社会只要理想消退，就会难逃历史的窠臼，在虚假的繁荣下堕落消亡。甚至哲学家也会将这种物质主义变成"学说"，推动堕落的加速。这种将人变成兽类的过程，实在可悲。最显著的结果就是在这种情况下，社会的上层非常腐朽，法律、习俗和信仰都被视为粪土。

16 世纪，社会现状就是这样。拉伯雷看到了事实，他发现整个世界都物欲横流。文明仅仅让人类社会成为一个庞然大物。亨利八世是一个大腹便便的男人，罗马是一名酒饭餍足的老妇人。他们健康还是病态？或者是肥胖症、水肿，这有待考证。拉伯雷是医生兼神父，他为教皇号脉，他感觉到了异样，然后无奈地摇摇头，哈哈大笑。在马丁·路德进行宗教改革的时候，拉伯雷无情地鞭挞了神父、主教和教皇。拉伯雷的笑声是人们奋力改变无果之后的自嘲和垂死挣扎。死神正坐在饭桌边，最后一滴酒正在和最后一口气碰杯。人类在大吃大喝中寿终正寝，大肠征服了人类，成为人间的国王。整个旧世界在狂欢，并因过度饮食而走向死亡！

拉伯雷是关于"吃"的埃斯库罗斯，他创造了庞大固埃、卡冈都亚等人物，非常壮观。狼吞虎咽的贪食者是无底洞，尽情吃喝，然后义无反顾地走向死亡。活着是一支曲子，而死亡就是它的副歌。

但丁笔下的宇宙浓缩成地狱，而拉伯雷将世界浓缩在了一只酒桶里。但丁地狱七层结构捆绑并抽紧这奇妙的酒桶，这桶里的面孔并非陌生：懒惰、骄傲、嫉妒、吝啬、愤怒、奢侈、贪食。你在教堂可以看到这位哈哈大笑者——拉伯雷，这七种罪过就是这位神父的主日课。拉伯雷是神父，所以他首先触动的是教会。拉伯雷为死于消化不良的教皇写了一幕闹剧，巨人庞大固埃的闹剧与朱庇特的快活同样宏伟壮观。君主的嘴和教会的嘴都在努力吃喝，拉伯雷的嘴在哈哈大笑。只要读过拉伯雷的作品，你就会发现这冷峻的对照：喜剧的面孔正凝视着神权的面具。

天才塞万提斯拥有史诗般的嘲讽。笔者在 1827 年在《〈克伦威尔〉序言》中指出：在中世纪与现代之间，在野蛮的封建时期之后，"有两位戏剧式的荷马，一是拉伯雷、二是塞万提斯"，他们似乎是被安排在那里作为结束的。

拉伯雷和塞万提斯都用"笑"来囊括种种丑恶现象，然而这并不是"温和"的表现手法。塞万提斯的嘲讽不同于拉伯雷的哈哈大笑，在他的作品中丝毫没有粗俗的痕迹。即使玩世不恭，也表现得十分含蓄，敏锐、尖刻却彬彬有礼，恰到好处，甚至在含蓄中捎带点自我贬损。塞万提斯的想象力出人意表，超越凡俗。

此外，塞万提斯凭借敏锐的直觉，看到了人的内心世界，他的作品为人类心灵绘制了一幅崭新的"全景式的图画"。由于哲思、喜剧、小说的糅合，因此有出人意表的情节在他的人物、故事和风格中不期而至。他在创作中进行了了不起的冒险，既要人物前后一致，也要让故事和思想围绕人物变化不已。他要使主题思想无休止地更新，并让随之而来的疾风劲吹，这就是伟大作品的创作规律。

塞万提斯是一位斗士，他的创作围绕社会问题，他有自己的独特观点。这类诗人是人类精神领域的斗士，他们在创作中学会战斗。尤维纳利斯在军中当过演说家，埃斯库罗斯来自萨拉米，塞万提斯与他们的经历类似。他们都曾经历过另外一种苦难，埃斯库罗斯和尤维纳利斯被流放，塞万提斯经历过牢狱。

塞万提斯作为诗人有三项主要才能：创造、发明和想象力。通过创造力产生典型人物，使思想变得有血有肉；通过发明，情欲与事件碰撞，人物面对命运迸发火花，由此产生戏剧情节。想象力如同太阳，使画面有了明暗对比与立体感，充满活力。观察力是可以获得的，与其说是一种才能，不如说是一种素质。如果没有深入观察吝啬鬼，莫里哀就不会创造出阿巴公。

在塞万提斯的作品中有一位崭新角色，他在拉伯雷的作品中仅有一点雏形。那毅然决然出现在塞万提斯的笔下的正是：情理。在巴汝奇身上可以看到些许痕迹，而在桑丘·潘沙身上就大放异彩了，他甚至可以宣布："我就是骑在驴背上的神。"先有智慧再有理智，这是人类精神发展的独特历史。有什么比宗教更具智慧？又有什么比它们更加缺乏理智呢？在荷马和约伯的作品中已经拥有智慧，而理智则是在伏尔泰的作品中才出现的。情理不能等同于智慧，也不等于理智，而是兼而有之，外加一点自私心理。

塞万提斯让情理驾驭无知，同时让英雄骑着瘦弱疲惫的马，这种嘲讽寓意深刻。这是人类相互交叉的两个侧面，他将二者都加以夸张丑化，对崇高和滑稽都毫不留情。在骑马的英雄之后，他又安排了一个骑驴子的人物，似乎暗示"热情"投入战斗，"嘲讽"随即而来。堂吉诃德的丰功伟绩都由很熟悉风车的驴子来评判，塞万提斯的发明是无懈可击的，在典型人物和充当配角的动物之间，已达到"天衣无缝"的境界。

塞万提斯和但丁一样有着不变的理想。今日之杰作，明日仍然可称之为杰作。在塞万提斯这里理想被当作不可实现的事情，并加以嘲讽，这就是他的缺点。然而这只是表象，仔细阅读你就会发现，这微笑当中带着泪花。实际上，塞万提斯是站在堂吉诃德一边的，正如莫里哀支持阿尔塞斯特。

阅读需要用心，尤其是 16 世纪的书籍。在那个时代思想自由面临种种威胁，因此几乎所有那个时代的书都需要认真解读其中隐藏的秘密，然而揭开秘密的钥匙却常常丢失。拉伯雷运用潜台词、塞万提斯依赖旁白、马基雅维利有双层甚至三层的夹层，他们在各自的创作中掩饰自己的真实态度。

然而无论如何，情理是塞万提斯创作的重大突破。情理虽然算不上德行，但它是人类自身利益的眼睛。暴君和君主制度是不讲情理的，他们制造种种灾难，弄得生灵涂炭、民不聊生；与他们相比，"情理"的出现是了不起的，他向人类大声疾呼：小心不要失去你的生命！

天才莎士比亚是怎样的人物？他就是整个大地。如果卢克莱修是大气层，那么莎士比亚就是地球。大气层里什么都有，而地球上有人类。卢克莱修是活着，而莎士比亚是生存。因此，在卢克莱修的作品中有许多晦暗不明的地方。莎士比亚的作品中有那么生动的情节和人物，他不受空间限制。

人的一生是处于诞生与死亡之间的谜语般的插曲中的，生命往返于其中，从睁开双眼到闭目归去一直如此。人的一生就是秘密，莎士比亚观察、研究它。在莎士比亚的作品中，百鸟在歌唱，灌木在抽叶，人们心心相印，息息相通；云在飘，天气变化，晨钟暮鼓，朝发夕至，森林窃窃私语，人们促膝交谈。广阔而永恒的梦轻轻飘浮，千变万化的事物、各种行动与思想、人与人类、活着的人及其生活、大小城镇、钻石珍珠、粪土垃圾、熙来攘往的人群、人来去留下的足迹……一切都在他的心中。这位天才就是大地，死者即是从他那里走出来。

莎士比亚是但丁的兄弟，他们互相补充。但丁体现了完全的超自然主义，莎士比亚展现了全部的大自然。他们迥然不同，但在广阔无垠之中他们却同属一类，实质上相通。但丁的作品中也有活着的人，莎士比亚的作品中不乏鬼魂。死人的头骨从但丁的手中转到莎士比亚手上，乌戈林啃咬它，哈姆雷特则向他提问。莎士比亚笔下的世界，也像但丁"七层"地狱闪耀着遐想的光芒。

莎士比亚像但丁一样让你看到日暮时分的地平线，他们都有可能是梦想朝着现实洞开的窗口。莎士比亚的作品中充斥着现实的描述，到处都是活生生的血与肉；莎士比亚的作品有激情、本能、真诚的呐喊和正义的声音，有熙来攘往的整个人群。他的诗歌既是他自己，也是大千世界中的每一个人。

莎士比亚还有荷马，他们是人类历史长河中的天才，他们总结各个阶段，并实现革命。他们在人类所有重大危机的时刻出现，荷马标志着亚洲的终结和欧洲的发端，莎士比亚标志着中世纪的终结。拉伯雷和塞万提斯由于他们仅限于冷嘲热讽，就只反映了事物的一面，而莎士比亚却代表了整个时代的精神。

莎士比亚与荷马关上了野蛮时期的最前面的两扇门：古代时期和哥特时期的门。这就是他们的使命，他们完成了自己的使命。人类第三次"危机"是法国大革命，这是处于野蛮时期和君权时期之后的第三扇门，它在渐渐关闭。19 世纪从这门的铰链吱呀的声响中，听到了即将关闭的命运。对于诗歌、戏剧和艺术而言，这便是"当代"，它既独立于莎士比亚，也不同于荷马。

以上诸位天才就是人类精神领域不朽的巨人所走过的历程。这些天才的头上戴着各样的桂冠，也包括耶稣的荆冠。他们中的每一位都代表了人类精神可能达到的高度总和，这些人难分伯仲，无论先后。荷马、埃斯库罗斯、约伯、以赛亚、但丁和莎士比亚，也许这几位代表着文学领域中的"峰中之峰"。

埃斯库罗斯和莎士比亚特别代表着戏剧。埃斯库罗斯是无与伦比的天才，足以在人类历史中起标志性的作用。他似乎不属于自己所处的时代，倒更像是荷马的前辈。他的九十部戏剧已失传，仅剩下七部颂歌。他似乎完全浸没在人类记忆的黑夜，仅可见的部分就已经让人叹为观止，对未见部分更生出无比的渴慕。

这些天才高坐在人类思想王国的宝座上。然而还有一些作品是人类集体的智慧结晶，如《吠陀本集》、《罗摩衍那》、《尼伯龙根之歌》、《西班牙民歌总集》。这些作品被认为是神圣的，特别是印度诗歌被认为是狂想的产物。这些诗歌笼罩着传奇式的恐怖，无形的手曾在字里行间添枝加叶，这些诗里有许多不解之谜。印度人认为神灵曾降临，代表智慧的大象也曾参与创作，因此这些作品充满神秘的亚洲色彩。他们在遥远的天际肃立，犹如喜马拉雅山的巍峨壮丽。

这些堪称亚洲《圣经》的作品，比我们的《圣经》更加难懂。它抗拒协调统一，各种宗教和教派在诗中难以调和，这些带着烙印的诗句互相交织、又互相排斥。似乎可以看到一个智慧的民族在漫漫的历史长夜中曾精心记载人们互相斗争所留下的神秘印记，这些诗歌是诸世纪中已逝去的人垒成的金字塔。

《尼伯龙根之歌》是一座与此比肩而立的金字塔。它是过去历代人们集体的遗言，是各民族在历史的身躯上镌刻的斑纹。《西班牙民歌总集》，是数位佚名的"荷马"撰写的另一部《伊利昂纪》。它在英雄精神后开启了骑士精神，任何一个东方或者希腊的人物形象都未曾超过《总集》中的人物形象。父亲献出自己的七个儿子，将他们一个个从心中"捧"出，这就是伟大之所在。在这样崇高的行动面前，读者犹如沐浴在阳光雨露之中。

这些出自无名氏之手的作品被认为达到了人类艺术之巅，人们喜爱它们的程度超过了那些名垂青史的作品。然而，就作品的艺术之美而论，《罗摩衍那》感动我们的程度不及莎士比亚，因为独特的自我比一个民族的"自我"更广阔、更深沉。

这些包罗万象的作品，特别是印度的诗歌，从它们无拘束的风格中产生了无以名之的超自然形态。它们包含着多重"自我"，是出人意表的伟大作品，在艺术的天际塑造了巨龙的身影。

在这些无名氏的作品中，是由个人来代表民族的。它们赋予各民族和诸世纪以人的面貌，它们在艺术中体现了希腊、阿拉伯、异教的罗马、基督教时期的意大利、西班牙、法国和英国。

德国是西方的"印度"。不管德国如何推崇歌德的冷漠，千万别相信它是不重视个性的。它是最雍容大度的民族之一，是人们热爱的广阔大地，日耳曼人的母亲。德国既包含了一切，又拥有了一切。它有自己的奥林帕斯山，德国人的天性深沉细腻，与欧洲人和而不同。也许德国最崇高的精神只能通过音乐表现，正因为音乐不甚"精确"，反而成为一种优点，与德国的精神一拍即合。

音乐是德国人的语言。歌唱对于德国，犹如呼吸对于生命。德国人与其他国家的人沟通就是通过和声来体现，渗透人类灵魂的各种思想，正是通过音乐流出德国。像舒伯特《魔王》那样的艺术作品，已成为德国生活不可或缺的一部分。因此，在德国最伟大的诗人是音乐家，这美妙家族的家长是贝多芬。贝多芬是德国的灵魂。

伟大的史前天才是荷马，伟大的希腊人是埃斯库罗斯，伟大的希伯来人是以赛亚，伟大的罗马人是尤维纳利斯，伟大的意大利人是但丁，伟大的英国人是莎士比亚，伟大的德国人是贝多芬。

用传统的审美去评价以上诸位天才的作品，有人责怪荷马的《伊利昂纪》充满了大屠杀，责怪埃斯库罗斯的怪诞，约伯、以赛亚、以西结、圣·保罗用了太多的双关语，拉伯雷放荡淫乱，塞万提斯"笑里藏刀"，莎士比亚过分精细，卢克莱修、尤维纳利斯、塔西陀"晦涩"，圣约翰和但丁阴森可怖。

然而这类责难并不适用于其他一些才智出众的人，如伊索、柏拉图、维吉尔、拉封丹、博马舍和伏尔泰等，他们缺少什么？缺少的正是天才不为人接受的部分，那就是天才对未知和无垠的触摸。

假如让高乃依拥有天才不为人理解的部分，他就可以与埃斯库罗斯比肩；假如莫里哀拥有某些部分，他就与莎士比亚不相上下。由于要遵守"规则"，对原来的悲剧大加砍伐，这是高乃依的不幸；由于清教徒的顾虑，在作品中摒弃大自然，这是弥尔顿的不幸；由于怕损害文风而不敢多写《唐璜》中的穷人，这是莫里哀的不足。他们为了不"授人以柄"，而追求消极的完美。

请抛开对天才的责难，你将发现一个深沉、富于想象力且气度恢宏的世界。他们处于人类思想和诗歌的最高层次，未来人类的进步有需要时，创造一切的造物主会在他们的名字后面继续补充天才的名单。

第三章　艺术与科学

人类的思想在有限和无垠之间，

由浅入深探索不止，

将抽象化为具体，

这最能激发思想家的灵感，

并使之生生不息，

这两大领域实际上可以合二为一，

无垠也是一种有限。

第一节　书籍与文明的发展

现在，许多人愿意当经纪人或者公证人，他们不停地说：诗歌已经衰亡。这等于说：春天已经逝去，不再有玫瑰花；太阳不复东升，月光暗淡；草原上蝴蝶不再飞舞，雄狮已奄奄一息，苍鹰入巢，峰峦隐迹；俊男俏女在人间消失，生死不足挂齿，母爱消失，人心泯灭，上天也将逝去。

如果我们对人类发展的无垠境界加以审视，那么我们发现情况恰恰相反。人类的心灵历尽沧桑，几经革命性的突破，无论深度或高度都有了空前的发展。从创世纪至今，人之所以为人是因为人类喜爱阅读与写作。

6000年前，在人类发展的孩童时代，人就在大自然中阅读，因为那时没有书籍。人类将宇宙当作文字来阅读，他的启蒙课程有云霓、苍穹、流星、鲜花、野兽、森林、四季以及种种大自然的奇异景观。渔夫研究波浪，牧童琢磨星辰。

然后，出现了最初的书本。人类前进了一大步，因为书籍拓展了人的思想。如果有什么比光照大地的上帝更伟大，那便是荷马笔下书写的上帝。有世界的存在而无书籍，科学便具雏形；有世界的存在而又有书籍，理想就诞生了。理想应用于现实，文明便应运而生。过去是科学在梦想，现在则是诗歌在行动。

基督赐予人类面包之日，印刷术已遥遥在望。一本书可以哺育万千生灵，乃至整个人类。基督在颂扬面包之时，已预示了古登堡发明印刷术促进阅读的端倪。一位播种者预示了另一位的出现。

书籍的力量显而易见。作家多而读者少，现状就是这样。义务教育是拯救世界的紧迫课题，至少还需要四分之一世纪。今后，人类的所有的进步都将通过知识的扩大而实现。"人人识字"，意味着不可估量的智力发展！智慧、理想和道德善行相辅相成，有多大的智慧，就有多深广的心灵。

人类需要通过阅读来哺育智慧。学校非常重要，因为在那里人类终于要将书籍敞开，面向众人。博大精深的《圣经》包含了所有先知、诗人和哲人的智慧，将其放在一面巨型的光镜的焦点下闪耀，发出万丈光芒。这面巨型光镜就是义务教育。阅读的人类就是正在获取知识的人类。

如果有人说诗歌已经衰亡，那是多么的愚昧无知！我们可以高声宣布：诗歌即将来临！它就是智慧和哲学。书籍的繁荣已经开始，学校为它提供原料，使读者和书籍都获得增长。书籍的实际效用，正在一些从前无力触及的地方发挥巨大的作用。人们的灵魂为了追求善而匍匐于其下。它过去仅仅是美，而现在却有力量。

谁敢否认这一点？读者的圈子在扩大，读书的需要好似一串炸药，一旦点燃就会迅速爆炸。再由于机械化导致体力劳动的简化和空余时间的增加，人类的身体从繁重的体力劳动中解放了。随之而来的是头脑的自由，所有人的头脑里就会燃起思想的火焰。人对于认识和思考的渴求永无止境，思索将会在人的生活中越来越重要。低级的场所将被抛弃，取而代之的是高尚的去处。这就是人类智慧增长所带来的自然趋势。人们将丢开庸俗的小说，去阅读阿伽门农三部曲。一读之后，便体味到伟大崇高的情趣，从此也就永无餍足之日。人们将如饥似渴地汲取美，因为随着才智的增加，对美的品味也将日益提高。

千百年来几乎无人到达智慧的顶峰，现在也仅有屈指可数的智者前往：他们是卢克莱修、但丁和莎士比亚。终会有一天，文明会充分发展，勇攀高峰的灵魂比比皆是，将布满漫山遍野的沟壑。

第二节　艺术与科学

自然与艺术是同一事物的两个方面。原则上，两者的规律是统一的，不存在两种规律。除去下文中提到的例外，一般情况如同反射角等于入射角一样，两者是等同的。

　　在道德方面，一切都是公平的；而在物质方面，凡事无不平衡。于是，在精神领域就充满了方程式。二项式是可以套用在一切事物上的奇妙公式，诗歌与代数中都有它的痕迹。大自然与人类上升至二次方便有了艺术，这就是精神领域的二项式。若将代表大诗人、大艺术家的数字带入其中，便有了丰富多彩、严密精确的创造物。所有人类杰作的缤纷多彩正是源自规律的统一，奇妙无穷！诗歌和科学一样有着抽象的根源，科学从中培养的杰作涉及金属、木材、火、气，以及机器、轮船、机车、飞艇，而诗歌则借以产生《伊利昂纪》、《雅歌》、《西班牙民歌总集》、《神曲》、《麦克白》。

　　人类的思想在有限和无垠之间由浅入深探索不止，将抽象化为具体，这最能激发思想家的灵感，并使之生生不息，这两大领域实际上可以合二为一，无垠也是一种有限。"数"这个词含义深刻，它是人类思想的基础。数是智慧的元素，数学和音律都和数相关。数通过节奏在艺术领域大放光彩，节奏便是"无垠"的心脏在跳动。节奏是一种有秩序的规律。

　　一句诗如同一群人一样，可以用数字来计算，而它的韵脚就像军团迈着整齐的步伐前进。没有"数"就没有科学，也没有诗歌。神秘的"数"对诗歌、人类澎湃的情感的主宰不亚于它对几何与算术的统辖。圆锥曲线、微积分在其统辖下，埃亚斯、赫克托、俄狄浦斯、李尔王、罗密欧、苔斯德梦娜、庞大固埃、熙德也投身向它。它的起点是简单的计算，然而它的高分在电击雷鸣的上界。

　　艺术与科学有着根本的区别，科学可以不断改变和完善，而艺术不是这样。何以如此？

　　在人间诸般事物中，艺术作为其中一分子存在，却又是独一无二的例外。人间一切事物的美都在于能不断改变和完善，世间事物皆有这种特点：生长、增进、加强、获取、发展，这是生命发展的规律，是一件崇高而伟大的事情。然而，艺术的美却恰恰在于其恒久不变。

一部伟大的杰作会长久地屹立在人类历史的长河中。第一位勇攀高峰的诗人登上顶峰，那就是最高处。后来的诗人也会像他一样攀登，然后到达顶峰，这就是他们到达的极点。一样的高度，只是登峰的人不同，可能是但丁，也或者是荷马。向前发展是科学的动力，而艺术的发动机是理想。因此，不断改变和完善是科学的本性，却不适用于艺术。

学者之间可以相形见绌，但诗人与诗人却能比肩而立。艺术与科学一样以自己的方式发展前进，但它的创造包含着永恒不变的因素，屹立在时间的长河中岿然不动。而科学中与艺术相似的伟大奇迹，却往往因为后来的创造而黯然失色，因为它们只是，也只能是偶然的合成物。

科学是相对的，而艺术是恒久的。莫里哀可曾掩盖普劳图斯只言片语？即使他借鉴了《愤世者》，也无损于他的天才和伟大。费加罗会消灭桑丘·潘沙吗？科第丽霞会赶走安提戈涅吗？绝对不会。诗人不会踩着别人的肩膀往上走的，他不会是别人上升所走的台阶。诗人自己攀登，支撑点是他自己，他不会把同类踩在脚下。后起之秀尊重先辈，大家鱼贯而行，绝不会取而代之。优秀的作品和狼有着相似的秉性，绝不吃同类。

圣西门说，一部备受称颂的杰作会因为另一部杰作的出现而被"吞没"。可惜那作品并非圣西门的杰作，否则怎么可能被"吞没"呢！

莎士比亚并非高于但丁，莫里哀也不在亚里斯多芬之上，卡尔德隆怎会超过欧力庇得斯；《神曲》没有超越《创世纪》，《西班牙民歌总集》也不曾向《奥德修斯》称第一……崇高即是平等。

人的精神领域是没有止境的无垠。杰作都自然天成并且绚丽多彩，屹立在时间的长河中。他们彼此无须谦恭礼让，也不必一争高低。在人类精神的无垠境界，广袤渺然，千万种伟大且崇高的创造皆可并存。

艺术之所以为艺术，并究其自身而言，它既不前进亦不后退。诗歌的千变万化，不过是美的起伏波动。它对人类的发展与前进大有益处，不过人类的发展与前进是问题的另一方面，我们绝不忽视，下文再详述。

艺术在本质上不会变化发展。从菲迪亚斯到伦勃朗是经过一段历史的历程，并非进化与发展。杰作要求达到一定的水准，那就是绝对。一旦达到绝对，就算是攀上了艺术的顶峰，再也无可超越。诗人的信心来自这里，他们昂首挺胸，毫无愧色。贺拉斯、普劳图斯都曾自夸自矜，高乃依在 65 岁时，为了博取年轻侯爵夫人的欢心，也曾以流芳百世自诩：

> 那将是一个新生的族群，
> 我跻身其间而小有威信；
> 我将毫不吝惜我的笔墨，
> 为你的美貌倾诉那衷情。

在诗人和艺术家身上体现着恒久无垠，正是这种因素赋予了这类天才崇高伟大的品质。将艺术置于广袤无垠中，无所谓进步发展。它可能并且在实际上推动人类的进步与发展，但却本身不从属于其中。艺术不从属于未来或者某种语言的变化，也不从受制于任何习惯语的生存与消亡。它在野蛮时期和文明时代都是一样纯净完整，超凡脱俗。它就是"美"，因不同的天才而各具特色。天才是不分先后，永远平等，至高无上的！这就是艺术鲜为人知的规律。

科学与艺术截然不同，主宰科学的是相对性。在科学上，有些成果曾是超凡的杰作，但在后来就会被超越，不再如同以前那样伟大。

科学是永无止境的探索与追求，而这探索本身就是科学。科学在造福人类方面不停地探索，它所包含的一切都在变动或者变革，甚至脱胎换骨。否定一切，破坏一切，创造一切，取代一切，昨天人们接受的东西，今天又从头做起。科学好比一台硕大无比的机器永不停息、永不满足。科学要精益求精，而艺术是不懂得精益求精的。

牛痘和避雷针都是人类在科学方面面临的问题。许多像富兰克林这样的科学家也曾徘徊犹疑或误入歧途，然而科学依然探索不止。科学在人类的近旁焦虑不安，这种难过躁动是伟大崇高的，它自有原委。科学在人类进步的历程中扮演着实用的角色，我们敬重这令人赞叹的奴仆。

科学有新的发现，而艺术则产生伟大的作品。科学是一座梯子，学者们踩着前人的肩膀攀爬不止，而艺术确是独自展翅腾飞。

这样的例子比比皆是，如：某人偶然发明了望远镜，如同牛顿发现地心引力，哥伦布发现新大陆。然后伽利略改进了望远镜，之后开普勒又在伽利略的基础上对其做了进一步的完善，然后笛卡儿又丰富了开普勒的改进……人们逐渐遗忘了第一位发明者，科学的发展就是这样。军事中的进攻战术也同样历尽沧桑，某种战术的改进，最终会导致它自身的消亡。

科学不断前进，同时又将自己的过去涂抹掉……古希腊有"太阳和伯罗奔尼撒一样大"之说，后来"宇宙志"有了很大的修改。古罗马有"四大星辰"说，后来的科学家又发现许多行星及卫星。曾有人把甲壳虫看成神灵和太阳的变种，此后昆虫学有了很大的发展……气象学很不稳定，但后来不再有人像公元 2 世纪的人那样认为：一场暴雨是"天意要挽救大军"。从火车发明到马车的出现经历了漫长的历程，改变了从法国中部到巴黎需要耗费整整一周的情况。医学的发展变化更是显著。

公元 4 世纪，人们依靠某位几何学家兼魔法师来判断人有罪与否。他会判名叫特奥多尔的人死刑，而且建议名字以同样字母开头的人应一律处死。如果要证实一项历史事实在两百年前不曾发生过，要大费周折。毕达哥拉斯是古希腊杰出的数学家，然而向这位科学的鼻祖论证现在最简单明了的事实，也绝非易事。公元 2 世纪，人们认为地球是扁平的，但也大约在这个时期索福克勒斯写了《俄狄浦斯王》。

科学就是漫长的探索历程。伽桑迪错了，德谟克利特也犯过错，被奉为主司科学之神的赫尔姆斯更是如此……但这都是"神圣"的错误，是真理之母。像凯普勒这样凤毛麟角的科学家，他们为科学带来的只有智慧而无谬误。

科学是真理的"渐近线"，他无限接近但永不能触及。科学具有一切美好的品质：意志、精确、热情、专注、钻研、细心、力量、耐性、不断观察、大胆冒险等，所有这一切在伟大的科学家身上充分体现，富兰克林便是例证。科学是多条线索齐头并进的，每一条线索都是循着之前的探索架叠式前进，一点点由微小的成果向前推进，渐渐达到真实的境界。

艺术完全不是这样，它不是渐次发生的，它是一个整体。我们可以这样概括上面的论述：阿基米德、哥白尼、伽利略、牛顿被超越了，而品达、菲迪亚斯却没有被超越。帕斯卡尔作为学者被超越了，而作为诗人则没有被超越。现在不会再有人教授托勒密的天文学、伽桑迪的解剖学、奎内的农业经济学、柏拉图的政治学、笛卡儿的物理学……但是像"女神啊，请歌唱阿喀琉斯的愤怒吧"这样的诗句，在过去、现在、将来都要被传阅，并将永远在人间传阅。

诗歌的存在依赖于生命的延续。科学可以扩大自己的范围，却不能增加其威力。荷马的作品中只有四路风来描写暴风雨，维吉尔有十二路，但丁有二十四路，弥尔顿有三十二路，然而只有两路风也可以将暴风雨写得很美，三十二路风却不能将其摹写得更为壮观。有的宗教消亡了，却将艺术家的作品传给了其他宗教。哦，永恒的艺术！

艺术可以将一个人、一位逝去的人、一个鬼影跨越千百年的时空，从遥远的历史深处对你产生勾魂摄魄的影响。小时候我们住在罗莫朗丁的破旧房屋中，我记得有一天我在葱茏的葡萄架下读书，那是家里仅有的一本书：卢克莱修的《物性论》。这本书我的老师曾极力阻挠我阅读，却不曾想到起到了相反的作用，正是他的刻意否定使这本书进入了我的视野。我打开书，时值正午，光影摇曳，空气清新，我的目光落在了这样清朗遒劲的语句上："宗教并不是要不停地向幕后的顽石顶礼膜拜，不是要靠拢所有的祭坛，不是要五体投地，不是要向神灵的栖息处举臂念咒，不是要向寺庙挥洒众多祭品的鲜血，也不是要喋喋不休地求神请愿，而是要以平和宁静的心灵体察世间诸般事情。"

我听不见周围的任何声响，完全沉浸在诗人华美的诗篇中了。到了晚餐时分也不觉得饥饿，父亲也不再叫我。夜色渐浓，夕阳西下，羊群归来，我却一动不动，完全沉浸在书中。此时，白发苍苍的老父亲默默坐在我身边，轻声唤过羊群，它们一个个走过来，舔食他手心里的那一把盐。

第三节　不灭的诗歌

艺术无所谓衰落，因为它本身没有繁盛过。那些常常用这样的字眼来描写艺术的文人是何其无知！只有浅薄的头脑才会产生迂腐的学究，动辄就宣称"复兴"或"衰落"。其实这不过是对比产出的效应，无非是语言的变革或思潮的起落而已。整个创造和思维的宏伟运动是艺术的源泉，这种运动也就是永恒无垠在人头脑中的反应。

只有站在最高点才能一览全景，所以从人类精神领域的制高点俯瞰，诗歌是一种内在的运动。艺术里没有潮涨潮落，好比大海的涨潮不过是一种错觉，海水从此岸落下，却在彼岸上升。作为人类，他的天才始终是充实盈满的，就好比天上降下雨水却不会给海洋多增一滴水一样。所以有人如果说"今后不再会有诗人"，就等于说不再会有潮起潮落。

诗歌是构成艺术的元素，它不会减损或者腐朽，不会受外界影响。它像大海一样变幻无穷，每一次的潮起潮落都淋漓尽致，然后又安详威严地周而复始。这种变幻实质是统一的，这种表面单调实则内涵丰富的性质，就是宇宙宽广博大的奇迹。

大海上波涛起伏，一浪接一浪，循环往复，永无止境，正如《伊利昂纪》之后，《西班牙民歌总集》问世，《圣经》之后是

《可兰经》，北风般的品达其后紧跟着狂风暴雨般的但丁。永恒不灭的诗歌会自我重复吗？不会。它既是自身，又有创新。正如同样的气流，却会产生截然不同的风一样。

难道《熙德》抄袭了埃阿斯吗？或者查理曼是模仿的阿伽门农？"太阳底下无新意"，"你的新作不过是老调重弹"……这样的评价是多么奇怪！照这样理解艺术不过是一系列赝品！福尔斯塔夫是抄袭，哈姆雷特是模仿奥瑞斯忒斯……所有这些诗人不过是复制大盗！大家互相抄袭，不过如此！灵感混杂着偷窃，莎士比亚的手伸向埃斯库罗斯的口袋！

然而，事实绝非如此。诗歌不是没落或者复兴，不是抄袭也不是重复，更不是老调重弹，而是"心同而曲异"。我们已经说过：每位大艺术家都按自己的形象重铸艺术。哈姆雷特是带有莎士比亚印记的奥瑞斯忒斯，费加罗是博马舍笔下的史嘉本。

新诗人出现，一切从头开始，可同时诗歌的传统却并未中断。每一位新的天才都深不可测，同时又都归属于诗歌传统。星辰借助气流彼此沟通，而天才与天才之间的沟通是艺术与上天共有的秘密，这两者既相似又毫无共同之处。

《启示录》映照在北冰洋上，于是产生了北极光式的《尼伯龙根之歌》。北欧的神话与印度赞歌相隔万里却遥相呼应。因此，我们回到出发点：艺术不是逐渐完善的事物。

艺术没有增减，艺术有属于它自己的四季、云雾、亏蚀、斑痕；艺术有自己的光芒，那光芒偶然刺穿迷雾，连它自己都未曾刻意追求。总而言之，它以同样闪耀的光芒出现在人类的灵魂之中。它永远是一盆火，迸发出同样的光。因此，荷马在历史的长河中永不冷却。

让我们强调一点：思想的竞争产生美的生命。哦，那属于伟大诗人的头一排座位始终有空缺。凡是令人泄气、可能折断理想羽翼的一切，都让我们统统排除，艺术需要勇气。如果要说正在涌现的天才不可能与既往的天才旗鼓相当，那等于否定上帝的威力永不磨灭。

我们要常常重复并强调这一点：虽然这些天才无法超越，但却可以与之并驾齐驱。如何才能做到？就是要有异趣。

第四章　埃斯库罗斯与莎士比亚

埃斯库罗斯是古代的莎士比亚。

有一位特立独行的思想家，

在书房摆放了许多雕像，

一边是二十几位古希腊罗马的文人，

而另一边只有埃斯库罗斯一人。

的确，埃斯库罗斯是惊世骇俗的。

第一节　埃斯库罗斯与戏剧

让我们回到戏剧的鼻祖——埃斯库罗斯上，他就是古代的莎士比亚。如果埃斯库罗斯没有在本书中占据单独的一席之地，那这本书就不完整。

有一位特立独行的思想家，在书房摆放了许多雕像，一边是二十几位古希腊罗马的文人，而另一边只有埃斯库罗斯一人。的确，埃斯库罗斯是惊世骇俗的，走近他的人不由得要打哆嗦。现在官方修辞学认为他高大而神秘，野蛮荒唐，善用夸张对偶，常常夸大其词，荒谬透顶。这样的修辞学必定要改变。

对于埃斯库罗斯这样的诗人，肤浅的评论家会嘲讽或者蔑视他，而真正的评论家会以敬畏之心惧怕触及他。然而，对天才的敬畏是趣味之始。真正的评论家总有着一颗真正的诗人之心。即使是掩藏在重重迷雾之后，你仍然能看到那个潜在的诗人。不理解埃斯库罗斯的人那真是无可救药的平庸，可以用他来试探一个人智慧的深浅。埃斯库罗斯的"直径"含有后来的许多剧作家。

戏剧是一种奇异的艺术形式。它令人无所适从，使弱者措手不及，这是因为戏剧包罗万象，涉及许多方面。戏剧融入了史诗，结果便产生了美妙的文学新种类：小说。史诗、颂歌和戏剧融为一体便铸就了小说，《堂吉诃德》就是融这三者于一体的一本书。

戏剧是艺术最博大的容器，上帝和魔鬼都在其中。阅读《约伯传》就可以明白。

完全从艺术的角度看，史诗的特征是崇高，戏剧的特色是博大；博大与崇高不同，它不顾及分寸感，它"越过了边界"，在不失去美的同时可以失去比例感，像银河一样协调。4000 年前，约伯开创戏剧时它就具有了广阔博大的特点，然后在 2500 年前的埃斯库罗斯和之后的莎士比亚身上，戏剧依然是借助其广阔博大的特色延续的。

埃斯库罗斯的作品中的角色是火山；是山脉，高加索山加普罗米修斯；是海洋，大洋骑着巨龙；是波涛，诸海洋女神；然后是《波斯人》中广阔的东方，还有如无边黑暗般的复仇三女神，埃斯库罗斯通过巨人来证明人的存在。

在莎士比亚的作品中，戏剧接近了人类，但仍然是"庞然大物"。戏剧敞开了大自然，敞开了灵魂，它所涉及的范围无比广阔不受任何限制。戏剧就是生活，生活就是一切。史诗可以是崇高的，戏剧则是广阔无垠的。在埃斯库罗斯和莎士比亚身上，就完全体现了这种广阔无垠的特点。

对于埃斯库罗斯，广阔是一种意志，也是一种气质。埃斯库罗斯发明了悲剧演员的厚底鞋，它使人显得伟岸；他还发明了扩声器，使声音变得洪亮。他的比喻气势磅礴，他将波斯国王称为"长着巨龙之眼的人"。许多诗人用一望无际描述海洋，但他却称其为"森林"。这些夸大了的形象是大诗人的特长，实际上反映了梦想中的真实。埃斯库罗斯令人激动不已，他的悲剧效果如同痛打了观众。埃斯库罗斯笔下的优美也是巨人式的，微笑隐藏着朦胧的愤怒。他形容宁静的心灵像"波平如镜的海洋"，而莎士比亚则说："像波涛一样诡谲。"

戏剧是文明的熔炉，那是人类最为和谐的地方。戏剧的所有阶段都应研究，公众之魂是在戏剧中形成的。我们刚刚了解了莎士比亚和莫里哀所处时代的戏剧原貌，现在我们看看埃斯库罗斯时代，戏剧是怎样的面貌呢？

雅典为大剧作家的到来用石头建造了剧场，没有屋顶，天空就是顶棚，日光就是照明；长形的石头平台，倚着墙壁有门和台阶，演员和合唱队就在这里进出，演出剧本。平台对面是可容纳五六千观众的半圆形广场，人们前来看戏，有妇女、儿童和奴隶，熙熙攘攘。小孩和老人吵吵闹闹，有的还在剧场的墙上涂画。

老人们责怪他的革新，质问酒神的戏剧在哪里？其实埃斯库罗斯的种种创新，无非是为了使戏剧更加接近生活。而戏剧语言的变化，莫过于莎士比亚将韵文改为散文。从前，开口说话的演员仅一人，现在有两人，将来可能会有三人……这些改变可恶至极，埃斯库罗斯受到审判，甚至要被处以极刑，最后他被流放。

年轻人也嘲笑并批评他的戏剧，比如新颁布的法令规定只许有 15 个人的合唱队，那么剧中的"50 个儿子怎么办？"在一片嘈杂声中，戏剧一如既往地上演。后来，当埃斯库罗斯被流放后，大家才平静下来。诚如古语所云："神令人肃穆无语。"

天才总是令人非议，埃斯库罗斯生前一直遭人批评。按照雅典的习俗，先对他有争议，继而对他进行迫害，这是可以料想的发展结果。人们热衷于谈论他的私生活，丑化并污蔑他，他被攻击得体无完肤。他爱过的女人也出来揭露他，还有人猜想他是同性恋。也有人说他偷猎，正如莎士比亚也有过类似的传闻。年轻人赞扬他，也成了他的罪过；等他老了，又说他不如后起之秀。他因为有人演出他的戏剧时舞台倒塌或者亵渎神明被审判，最后被流放，死于流放中。

有位演说家大声疾呼：应当为埃斯库罗斯立一座青铜像。雅典赶走了这个人，却最终树立了雕像。莎士比亚死后为人们遗忘，而埃斯库罗斯却备受尊崇。

这种荣誉在之后的年代中几经起伏，时高时低，却在历史的长河中熠熠生辉。埃斯库罗斯变得神圣，到处都是他饰以桂冠的半身雕像。亚里斯多芬在《蛙》中让埃斯库罗斯开口："我死了，但我的诗却活着。"

共和国为他的 97 个剧本印制了正式版本，演员必须遵照该版本。人们把埃斯库罗斯塑造成了第二个荷马，他也有了自己的吟游者，他们在节庆中吟唱他的诗句。这位伟大的诗人，在诗歌中自豪而忧郁地宣言：献给时间。

他是正确的，再也没有人提及他亵渎神明，然而他却因"亵渎神明"死于流放中。对于他来说这一切已经足够了，因为事实宣告这一罪名无效。其实，当时他已经名扬四海，埃及人给他"最高智慧"的美名；他被放逐并死于西西里岛，在那里他得到的崇敬几乎可以媲美奥林帕斯山上诸位神明。后来，基督徒将普罗米修斯的话语当成耶稣之言，而普罗米修斯又有过预言，所以基督徒将埃斯库罗斯视为先知。然而令人奇怪的是，正是这些荣誉使他的作品淹没在历史的尘埃中。这是指他的作品在具体形态上的消失，而他的大名却一直在水上漂流。

这是一个彻底的悲剧，是一幕不同寻常的悲剧，这造成他的诗歌消失。一位国王愚不可及地盗窃了人类的宝贵精神财富，让我们讲讲这次盗窃吧。

第二节　埃斯库罗斯作品的传播

埃及国王急于扩充亚历山大城的图书馆藏书，在其父在世时有 20 万册藏书，到公元 6 世纪，藏书已高达 70 万份书稿的惊人数字。他宣布：将抄录埃斯库罗斯的著作。他派使臣到雅典商讨，雅典拒绝。最后雅典接受了埃及国王提出的巨额押金，将埃斯库罗斯的全部著作交给了埃及国王。

然而，埃及国王放弃押金，将著作扣留。雅典一度曾考虑为此开战，但此时埃及国力强大，雅典却已今非昔比。于是，埃斯库罗斯的著作就一直留存于埃及。埃斯库罗斯在埃及受到了神明般的尊崇。国王决定不抄录他的全部著作，以保持"孤本"举世无双的价值。在罗马统治时期，亚历山大图书馆属于罗马皇帝，一般人也不能方便地到埃及去。

公元 7 世纪，一个人骑着骆驼，带着他的全部财产：一个有两只口袋的褡裢，一只里面装着无花果，另外一袋是小麦，还有一只木盘，他每餐只喝清水吃面包，从来都是席地而坐。然而，就是这个人征服了半个亚洲和半个非洲，攻下或烧掉 36000 座异教或者基督教的殿堂，并修建了 1400 座清真寺，打败了著名的帝王。这个人名叫奥马尔，就是他放火烧毁了亚历山大图书馆，因此而名噪一时。

大家可以看到这就像是一部关于冒险故事的戏剧，可以命名为《埃斯库罗斯失传记》。埃及国王以对名著的仰慕为借口而将其据为己有，这就是一个白痴国王对其作品的过分欣赏造成的恶果。奥马尔是一个狂热的宗教分子，有人热衷于为他辩护，但历史的裁决无人能改变。

莎士比亚和埃斯库罗斯的命运极其相似，他的作品也遭遇了一场大火。他是名流之中的"穷亲戚"，他的作品很少付印，到1666 年还只有一种版本，印数只有 300 册，这 300 册书几乎全部藏于伦敦的书库。1666 年，伦敦发生大火，烧掉了伦敦，还几乎烧掉了莎士比亚的所有著作，他的作品各个版本几乎都灰飞烟灭，除去火灾之前五年中售出的 48 册，而正是这 48 位购书者挽救了莎士比亚作品的生命。

埃斯库罗斯的作品规模在古代是最恢宏的，从残存的 7 个剧本就可以窥见这种宏大。很难准确地估算他的剧本总数，据一位无名的传记作者记载有 75 种，另外还有 90 种、97 种、100 多种之说。总之，关于他的作品的数字有诸多不确定。

有人说他有一部题为《奥菲士》的戏剧，这是一部巨人谈论巨人，神灵解释神灵的作品，也是一部发人深省的作品。我们多么渴望一睹为快，没有比这更加摄人心魂的了。但丁谈论维吉尔时，称其为"老师"，维吉尔虽然是崇高的诗人却并无创造，成就低于但丁。只有在能力相当者、天才或君王之间，这种彼此的敬慕才值得赞美。埃斯库罗斯为奥菲士修建了一座圣殿，而他本人完全可以占据这圣殿的祭坛，这是多伟大的事情。

埃斯库罗斯不受任何文化的限制，他身上有印度元素，还有人说他充满了希伯来和叙利亚色彩，而他善用双关语，因此又和腓尼基语紧密相关。纵观希腊文学，埃斯库罗斯是唯一具有雅典精神且兼具埃及和亚洲元素的天才。希腊人不喜欢这些遥远的地方，似乎连太阳也是希腊的，但埃斯库罗斯没有这样的偏见。他似乎来自原始森林，大步跨过了那些匍匐遍野的古代巨大植物树根。希腊人虽不喜欢东方，但与东方有着千丝万缕的亲缘关系。

埃斯库罗斯的父亲是毕达哥拉斯的弟子，他的精神对埃斯库罗斯也有影响。在天、地与神灵的论战中，埃斯库罗斯是支持"地"派的。那时人们似乎认为"大地"在亚洲，而不是在别处。亚洲确实看上去是一大块土地，几乎没有海岬和海湾。因此，在埃斯库罗斯的地理学中，埃及和阿拉伯都是亚洲。普罗米修斯说他是"阿拉伯的花朵、高加索的英雄"。

埃斯库罗斯对动物学也有自己独特的见解。我们在荷兰海牙参观了一家日本博物馆，在一个橱窗里看见埃斯库罗斯悲剧三部曲中的奇怪的蛇：那蛇在头、尾处各长了一个头。还展出一些其他的标本，古怪的让人无从解释，那似乎是来自另一个世界的动物。有人假设是日本人创造了怪兽，我们并不相信这个奇特的假设。有时，埃斯库罗斯看待自然的方式非常简单化，似乎还掺杂着某种轻视，他常把各种动物都称为"犬"。

这位诗人有时就像我们前面提到的"司祭"，他就是像约伯一样的主祭。他对大自然、人民，甚至神明都施以魔术，他高高在上，对各种动物都自有一套称呼和说法。他对灰尘、烟火、海湾都有独特的形容，他把人甚至朱庇特都加以缩小或夸大，他甚至将王后称为"家里的好母狗"。

埃斯库罗斯的作品充满了对命运的深刻绝望，广袤而凄凉。其实他的悲剧仍然是古老酒神的赞歌，只不过突然对人类发出了叹息和悲泣。

法国喜剧作家喜欢拉辛，或许悲喜剧天生就是互补的。因为这种规律，亚里斯多芬也喜爱埃斯库罗斯。他们都在强烈的灵感启示下写作。亚里斯多芬是守在入口处的斯芬克斯，喜作深沉的遐思。他给了埃斯库罗斯悲剧灵感，而给亚里斯多芬喜剧灵感。

有时亚里斯多芬似乎与酒神相伴，嘴角还残留着葡萄酒的泡沫。他带有宗教式的淫亵，主张以裸体对待爱情。这是一种宗教，这种神秘的自然主义是希腊的古代精神，它的名称就是诗歌与哲学。宗教信念是一种自以为有知、而实际无知的东西，但在有些情况下它比科学知道的还多。在教徒高傲的论断面前，苏格拉底也无奈尴尬。苏格拉底身上有伏尔泰的成分，他并不敬畏古代自然主义。

亚里斯多芬出于此而反感苏格拉底，这种反感一度令人厌恶。因为诗人似乎像迫害者，他帮助压迫者去对付被压迫者，他的喜剧就为此而犯下了罪恶。对于后人，亚里斯多芬是一位凶神。然而，他热烈赞赏并维护普罗米修斯的作者，并竭力阻止他被流放。即便他曾猛烈抨击苏格拉底的《云》，然而因为这一点人们可以减少对他的愤怒。人们可以在愤怒的阴影里瞥见亚里斯多芬的手，正在云端抓住埃斯库罗斯飘逸而去的衣衫。

更何况埃斯库罗斯曾写过一部喜剧，堪称亚里斯多芬的喜剧姐妹篇。书中有这样戏谑的描述："他向我劈头盖面扔过来一只尿壶，那装满尿液的容器打在我的头上，砸得粉碎。于是气味四溢，却与香水稍有差别。"这居然出自埃斯库罗斯的作品，甚至莎士比亚也有类似的描写。这是令人无奈的事情，因为你是在与"野蛮人"打交道。野蛮人之一是莫里哀，《没病找病》从头至尾都是这样。拉辛也概莫能外。

艺术是一座神殿，有自己的笑并且也愿意笑。在严肃的作品当中，突兀地出现小丑，那也是一种杰作，比如桑丘·潘沙与阿伽门农就可比肩而立，毫不逊色。思想的奇迹伴随着嘲讽、哑谜，在这里熙熙攘攘。他选择题材，化解矛盾，构思是为了获取美，并通过笑从中揭示丑恶。他似乎忘记了自己的责任，其实并未忘记，因为突然之间你在笑脸的背后就看到了哲理。欢笑中所蕴含的哲理比较接近生活，但同悲伤中蕴藏的哲理一样深奥。似乎一旦大自然与命运相遇，就无法保持自身的肃穆；那欢笑时在不理解的时刻突然迸发，那是对未知最为激烈的揭示，笑话来自广袤无垠。亚里斯多芬代表古代艺术的忧郁之翼，而在现代则是拉伯雷担此重任。

阿波罗曾说："诗歌有两只耳朵。"这几乎概括了艺术的全部规律。确实人类会同时面对两个问题：在明亮的日间，生命中开阔的十字路口，喧闹中存在的问题是人类千万双脚下通向四面八方的路途，人们带着热情和种种疑问苦苦寻求答案；成为"恶"比作恶更坏，"恶"是苦难之始，代表苦难、痛苦、泪水、呼喊、吵闹；在阴暗深处是无声的问题，万籁俱寂中那种意义无法表达，令人恐惧。因此，诗歌有两只耳朵：一只倾听生命，一只倾听死亡。

埃斯库罗斯的作品仅有少数较完整的抄本，除去殖民地保存为数不多的几个剧本外，雅典本土肯定也有评论家保存下来的一些残本。这些抄本被埋没在民间，并未被完全销毁，因此研究人员对此还抱有一线希望。

另外，传说埃及国王其实曾送还雅典一份抄本，作为对押金的补偿。当时埃及使用一种很昂贵的纸草，后来改为陶片。这种人类思想丰硕成果的湮没，在印刷术发明之前是不可避免的，如今这样的情况再也不会发生了。古登堡是一位救世主，印刷术的发明等于发现了取之不竭的源泉。虽然不时会有君主图谋制止或者延缓它的发展，但在这种力量的较量中终究难以获胜。思想不可阻挡，进步不能遏止。因为印刷术的发明，社会科学有了延续永恒的发展。与此同时，我们要强调书籍不可丢失。

在印刷术发明之前，文明遭到了重大的损失。以某个哲学家或者诗人为标志的人类进步的重要阶段，往往因为人类伟大著作被撕去一页而突然断裂。要使人类失去天才们伟大的思想遗产，只需抄写员一时做蠢事，或者暴君一时任性就可能发生。而自从有了印刷术之后，就再也没有此类危险了。过去，手稿可以毁坏，与此一同消逝的还有"灵魂"，即作品。然而自从作品变为铅字之后，它的版本不可计数，作品获得了自由。如今已无法抓住杰作的"躯体"，谁能杀死这不朽的灵魂？

任何一份印刷品都是种子，它自己就可以在千万次再版中复活。在 15 世纪，古登堡走出黑暗，把人类思想这位"俘虏"赎了回来，这个奇迹拯救了人类智慧。古登堡永远是生命的助手，他是人类文明发展中的合作者，并且永远保持合作关系。他标志着人类从奴隶向自由人的过渡。如果将他从文明中删除，你就会重新回到当年的埃及。古登堡可以说是创造思想的第二位鼻祖，在他之前，在人类发展过程中一部杰作会有可能消失，踪影全无，甚至完全被人们遗忘。

令人悲叹的是，希腊罗马仅留下了书籍堆成的废墟。人类思想如一座倒塌的房屋，这就是古代的文明存留的现状。这座代表人类思想的房屋，墙面塌下了四分之三。废墟中残存一间可以成为史诗陋室，在其中仅剩七零八落的悲剧片段，许多伟大的诗句被掩埋、被歪曲。思想的宫殿没了屋顶和门，诗歌剩下了一堆堆白骨，一个"头骨"代表了一首诗，这些不朽之物成了"瓦砾堆"。人们在忧郁地沉思，遗忘如蜘蛛般在埃斯库罗斯的喜剧与塔西陀的历史之间结网。

埃斯库罗斯作品的碎片在许许多多不同的地方，散落在二十份文字中。通过不同的来源，得知他的部分生平和作品。人们了解了他在戏剧演出方面的革新、他的生卒年月，知道他终年69岁。

现在，如果在埃斯库罗斯的戏剧中去掉东方而代之以北方、去掉希腊而代之以英国、去掉印度而代之以德国、去掉雅典娜神庙代之以伦敦塔……去掉骄阳代之以朦胧的月色，那么埃斯库罗斯就成了莎士比亚。由于天才有自己所处的时代，每位天才都有自己的特点，并透过层层迷雾继承了古代的传统。因此，莎士比亚就是"埃斯库罗斯二世"。

法国大革命开创了人类世界发展的第三个阶段，它有权利在艺术中有所体现。艺术拥有宽阔无比的窗口，向着一切可能性敞开。

第五章　天才之路

灵魂存在吗？

人类渴望自我存在的永恒。

如果没有永恒不灭的自我，

造物主的全部成就，

不过是个巨大的问号，

这一切有何意义？

上帝在尘世，

在所有人身上作用的总和浓缩成一个声音：

灵魂肯定存在。

第一节　自我的永恒

灵魂的存在是广袤无垠宇宙的秘密。在黑暗中将"未知"浓缩，从而迸发出突如其来的光芒，这便是天才。这是多么的神秘，可究竟是怎么回事呢？这些天才的出现有规律吗？人的心灵在尘世中活动，感动了上天。

物质与精神升华并结合形成了"原子",这难以解释。"原子"从生的观点上看不可分割,从死的角度上看不会销蚀,这是了不起的奇迹!没有体积与面积、没有高度与宽度、没有厚度,无法衡量,在这一无所有之中存在着一切!对于哲学而言,是灵魂在活动,灵魂是信念的基础。

男女两性的生殖器官的共同浇灌产生了人,他们在无垠中获取生命。这是一切动物繁衍的常规,但那些超越凡人的天才是从何而来的?

最高的智慧在尘世就会产生非凡的天才,是什么力量召唤它,并使它降到凡间与凡人相遇?在这奇迹之中人类的血肉之躯究竟起到怎样的作用?为什么这些凡间的星星之火要追寻天国的真理?他们要去往何处?又如何到达?人是怎样获得了点燃"未知"的天赋?广袤无垠的永恒就是取之不竭的源泉,天才从中产生,有什么比这更加惊世骇俗!天才来自哪里?为什么会是这样?为什么在某个时间出现的是这一位而非另外一位?像所有的问题一样,"偶然"出现的规律,人们隐约可见,却看不清楚。哦,无垠世界的缔造者,你在何方?

复杂多样、表面大相径庭的元素在灵魂的成长中发挥作用,截然相反的事物之间未必相斥,反而有可能相辅相成。一切诗人都是评论家,莎士比亚就借哈姆雷特之口,说出一段段出色的剧评!但丁写过修辞学和语法专著,科学家也可以是幻想家;但丁长于算术,牛顿喜欢遐想。

在这迷雾重重的宇宙中没有什么一成不变的规律,也不可能有什么体系。思想的传递交接,就如同由于吸引和交融汇成水流,水流之间又纵横交错。例如,伽利略和牛顿都死于1642年,而莎士比亚和塞万提斯则于1616年4月23日双双离世。这里隐藏着某种线索，然而，再想深入"线索"立刻折断。为什么两只火炬会同时熄灭？表面上没有任何联系，只有黑暗中的旋风令人深思。这世界时时刻刻都有不解之谜，神秘地吸引观察者。梦想着的灵魂永远在漫游，他们是苍穹下的飞鸟。虽然展翅飞翔在最高处很危险，但是人们还是在梦想。

梦想就是任灵魂东西南北翱翔。谁坚持不懈地观察着神圣无垠，那么他的脑际一定会浮现出一片广袤无垠的景象。思想就是灵魂抛向神秘世界的探测器，它给你带回了什么？你又看到了什么？猜测在哆嗦、学说在颤抖、假设在漂浮，在这永恒无垠的深渊面前，人类全部的哲学在不知名的风中飘摇不定。

"可能性"就在一片开阔的地方在你的眼前展开，人们内心的梦幻在外在的世界总也可以找到。一切都是混沌一片，其中有朦胧的白色影子在活动，那是人的灵魂吗？在永恒无垠的深渊中，似乎有大天使的暗影在飘拂而过。他们有一天会降落人世成为凡人吗？你绞尽脑汁，竭力想看清楚、弄明白。你已经站那扇窗前，俯瞰未知的世界。因果关系如一团团浓雾，层层叠叠、密密匝匝地将你包裹。不思考的人是盲目的，而思考的人则处于一片晦暗不明之中。人将处于黑暗之中，在黑暗之中凭借经验摸索，不断窥探观察，在假定之中徘徊，别无选择。人类精神的探索截至目前，我们所有的知识仍然在黑暗之中。

每个人都可以决定自己是否去探索这可怕的思想之岬，在他的眼前展现的是深沉的奇迹的浪涛，正是在这里才可瞥见那永恒无垠的漆黑。如果有人看到了这一片海洋，从此他将成为眼界开阔、不断成长然而漂浮不定的思想家，或者可称其为梦幻家。如果不去探索这奇妙的思想之岬，那就停留在平凡的生活中，拥有平凡的思想意识、道德和宗教信仰，也许你有怀疑，那也是平凡的疑惑。这样你拥有内心的平静，也再好不过。

第二节　天才的出现

这些窥见永恒黑色的人是介于先知和诗人的思想家，他们属于永恒的黑色，无垠进入他的生活、他的意识和他的哲学中。他的尺度有别于万千凡人，他已超越凡俗；他比众人负有更大的责任，他皈依一种不确定的信念，称之为上帝；他在永恒的晦暗之中，也能分辨过去和未来，抓住这两条线的一端，将自己的灵魂连接在其中。

谁曾饮水就仍将饮水，谁曾遐思就仍将遐思，他就这样倚在岸边俯身细察。他执着于这充满吸引力的无垠，执着于探索未知的事物，追求超越凡尘，并越过禁区，企图触摸不可触摸之物，观测世人视而不见的事物；他不断前进，进入到了凡人不可深入之地。就这样，在永不停歇的沉思中不断拓展精神的疆域。

在对无垠的探索与拓展中保持自由的判断，这就是伟大。然而，不论一个人有多么伟大，还是难以找到问题的答案。人们向广袤无垠的黑色提出无穷无尽的问题，答案却在黑暗处若隐若现。真理宏大的轮廓时有闪现，最终又消失在无垠的黑暗之中。在所有这些问题中，萦绕于我们脑际又使我们揪心不已的便是灵魂的问题。

灵魂存在吗？人类渴望自我存在的永恒。如果没有永恒不灭的自我，造物主的全部成就不过是个巨大的问号，这一切有何意义？上帝在尘世，在所有人身上作用的总和浓缩成一个声音：灵魂肯定存在。接着出现第二个问题：是否存在伟大的灵魂？

这一点毋庸置疑。为什么在人类当中没有像森林中的大树、地平线上的高峰那样的伟大的灵魂？人类曾看见过伟大的灵魂，犹如曾经亲眼看见过高山峻岭。确实，在人类历史上存在伟大的灵魂。

仍然有一系列问题：这些伟大的灵魂来自何方？他们是谁？他们身上是否存在比一般人更多的"原子"？是否有更多的"命中注定的原子"？所有那些行走在凡人当中的高贵灵魂，他们是否见识过超越于我们的宇宙？他们是否将那里的精华带回尘世？领袖式的非凡人物、引领人类的智者，是谁派他们来的？谁决定他们的出现？谁能评判人类当前的需求？谁选择灵魂？谁决定离去？谁来谋划未来？桥梁性的"原子"、普遍性的"原子"、连接不同世界的"原子"，它们是否存在？伟大的灵魂是否就在其中？

也许宇宙是互补的，过剩的一方会补充不足的一方，将高层次的美传递到较低的层次，促进知识和理想的发展，在各个层面交流。这种交流给地球带来动力，使同一系统中的各部分和谐相融。它促进落后的思想，交流创造物，这种神秘的职责难道不存在？

这职责也许由某些命中注定的人来完成，他们彼此并不相识。某个"原子"是否负责在凡间招选"太阳人"？既然有花的"原子"，为什么没有星辰的"原子"？这"太阳人"会以哲人、先知、英雄、诗人等不同的面目来到世界上，人类的生命借助他们前进。这些驾驶思想战车的灵魂，他们的使命是推动文明滚滚向前。他们一个接一个，前仆后继，周而复始。

每一个世纪的终结标志着另一个世纪的开始。一位天才开创的事业，另一位天才结束它，现象与现象彼此相连。每一次现实的革命必然伴随思想的革命，反之亦然。地平线向两边延伸，然而各不相同的人却在意想不到之处和谐相融。在此种融合之中，充分显示出进步的必然规律。同时，也是一位天才完成了另一位天才的未尽之业。似乎有某个站在高处的人物安排这一切，不同的领域、不同的成果相互协调，齐头并进。

我们思考着广阔无垠的晦暗，遐想是一种观察，它能在黑暗中看见光明。人类是由内向外发展的，这就是文明。人类的智慧具有辐射力，这就是高尚的驯化。这个发展过程可以分割成不同的阶段，每一个阶段都是进步中的一个部分，由被称为天才的人开创或者收尾。天才的使命是他们意志的自由选择，另一方面也是命中注定。

天才是"天外来魂"吗？他们是受到未知世界光芒启示的灵魂吗？摩西燃烧的荆棘、穆罕默德的鸽子和苏格拉底的魔鬼，这些是否都是上天给他们启示的表现？

这些伟大的灵魂都有一种模糊的信念，关注自己的使命，他们的行为似乎也昭示他们已知道这一切。每一个新出现的伟大灵魂都带来更新的哲学，或艺术、科学、诗歌，并按照自己的形象改变这世界。这些灵魂像星辰放射出光芒，显露出真理。他们彼此独立，却拥有许多共同点，似乎都来自永恒的无垠。彼此相异的他们，究竟来自什么奇妙的地方？

许多问题无比复杂且无从解决，许多学究放言："这些天才不会再出现在尘世，不可能有人与之并驾齐驱。"他们宣布：尘世的天才已经枯竭。现在他们已经没落，不会再有天才。然而我要说，那深不可测的无垠之地，你们居然能看到底？

天才不会就此终结，我们面前是没有界限、局限、终点或边界的无垠。夏季之后冬日接踵而至、溪流蜿蜒在幽谷、海洋会遇见悬崖、人类会进入墓地，循环往复，永无止息。

如果有凡人对你说："上帝只能到此为止，别对他有更多的要求。"那么你不妨对他报以深沉的微笑，你不应渐渐冷漠，不再探索，甚至从此止步不前。

上帝在创造了一个人之后，又迫使自己重新创造。奇迹的旋风永不停歇地吹着，日日夜夜喧闹就在我们四周涌动，却丝毫没有惊扰上帝的庄严宁静，这喧闹之中隐藏着和谐。

上帝的全能要求圆满，在肉眼看不见的寰宇，相互层叠交融，互不伤害。上帝啊，你是万物的中心和圣地，你怎么沉默无语？从身体方面看，你是不知疲倦的，难道在智力和精神上你已精疲力竭了吗？有人说上帝已经终结。不，我的天父，一切都不是这样的！

上帝造就了菲迪亚斯，但这并不妨碍他造就米开朗琪罗；同样，上帝造就米开朗琪罗，还有力量再造伦勃朗；造就一个但丁不足以使你筋疲力尽，创造一个荷马不会比创造星辰更加辛劳。光与光并列，大气不停地流动，世界之外还有新世界。那些燃烧着掠过长空的星辰，就是人们所说的彗星，也就是天才。天才之后还有天才：摩西、以赛亚、埃斯库罗斯、卢克莱修、塔西陀、尤维纳利斯、塞万提斯、拉伯雷，还有莎士比亚、莫里哀、伏尔泰。已经到来的天才和之后涌现的天才之间互不妨碍，如同各种星座在夜空中并列纷呈，因为在永恒无垠的上帝那里有无比广阔的疆域！

下

篇

第一章　莎士比亚的戏剧成就

伟大的诗人必然是历史学家兼哲学家，

莎士比亚也同时兼具这三重身份。

他还是了不起的画师、宏伟的画师！

诗人不仅要描述，还要求证。

他的身上有一面反光镜来观察世间万象，

还有一个聚光器使作品充满激情。

这样，诗人的脑海便有了绚烂的光谱，

照射在人类历史黑暗的城墙上光芒万丈……

莎士比亚的作品兼具各种元素，

悲喜剧、神话、赞歌、闹剧、神的欢笑、恐怖与可厌……

总之，他的戏剧作品包罗万象，

他登上了悲、喜剧之巅。

第一节　对莎士比亚的曲解

有人认为莎士比亚缺乏戏剧才能，认为他的悲剧矫揉造作，喜剧原始粗鄙，这种看法在当时广泛存在。还有人质疑其作品的独创性，认为他抄袭了埃斯库罗斯和14世纪意大利作家薄伽丘等人的作品，甚至还有无名氏的作品《李尔王真史》的部分内容。《哈姆雷特》、《奥赛罗》以及《雅典的泰门》被质疑并非莎士比亚的原创作品。他受到了来自各方面的攻击，被认为毫无创新，人们批评他是"剽窃者"、"插上别人羽毛的乌鸦"。更有甚者，对他进行人身攻击，利用他的名字借用双关语来贬低他。

有人这样评价《奥赛罗》："这篇寓言有一定的道德教育意义。它告诉贤妻良母一定要学会勤俭持家，妥善保管家中值钱的东西。"然而针对莎士比亚本人，却认为："这种诗歌能给观众什么积极有用的东西呢？这种诗歌毫无用处，只会使我们犯常识性的错误，使我们思想混乱，使我们头脑发昏，使我们本能败坏，使我们失去想象力及趣味性，而充斥我们头脑的全是一些虚荣、混乱、嘈杂及胡言乱语。"这段言论是他们在1693年，也就是莎士比亚逝世80年后发表的。当时所有的批评家及那些内行们都持这种观点。

他们对莎士比亚的批评基本雷同。他们认为他的作品充斥着一语双关，不过是玩弄文字游戏；认为他的作品不真实、荒诞，思想幼稚、放荡，语言夸张、言过其实；还有人认为他的文体矫揉造作，在修辞上滥用对比和比喻；故弄玄虚，故作悲天悯人的姿态，缺乏艺术道德；作品竭力取悦下层人民，不惜在内容上多以恐怖为乐趣，缺乏应有的风度，毫无艺术魅力。他们认为莎士比亚聪明反被聪明误，不过是冒充英雄。

有位勋爵说莎士比亚是粗鲁野蛮之人，英国作家德莱顿评价"莎士比亚无法理解"，一位德国批判家称他是一个非常滑稽可笑的人。英国戏剧作家、莎士比亚的门徒本·琼森认为："喜剧演员称赞莎士比亚的作品一行也不能修改，我希望他修改一千行就好了！"此后，他的作品中几乎所有的版本都被大加删减。英国著名戏剧演员伽里克就曾演出过这种删减版的《李尔王》。上文提到的那位勋爵认为《奥赛罗》是一出充满血腥、枯燥无味的闹剧。本·琼森则进一步贬损《裘力斯·恺撒》只是一部冰冷、毫无动人之处的悲剧。《麦克白》中的巫女演出一幕出丑露怯的戏。甚至有人认为莎士比亚的滑稽太过于粗俗，并不能引人发笑，是毫无智慧的闹剧。在1725年，英国诗人蒲伯竟最终把莎士比亚的创作动机理解成是为了谋生。

法国作家伏尔泰在评论中提到，英国人将莎士比亚尊为索福克勒斯的后继者。他认为《哈姆雷特》："整场戏愚不可及。""……在《哈姆雷特》中，掘墓人一边掘墓，一边饮酒，唱着轻松闹剧的小调儿，朝着死者的头颅开下流的玩笑，其庸俗正与他们的行业不相上下！"他认为，莎士比亚的全部剧本明显都是令人生厌的闹剧，却称之为悲剧，他宣称莎士比亚糟蹋了英国戏剧。

有一位作家拜访当时生活在法国与瑞士边境的伏尔泰，当这位作家谈到莎士比亚时，躺在床上看书的伏尔泰猛然从床上跃起，激动地将手中的书扔掉，大喊："您那位莎士比亚是个蛮子！"这位作家见他是如此态度，忙说："他可不是'我的'莎士比亚！"

莎士比亚被伏尔泰当作攻击对象，而且对他有的放矢，且百发百中。伏尔泰是法国文坛第一个向莎士比亚开火的枪手，他说："莎士比亚只不过是笑料而已！"他对一位红衣主教说："要写就写漂亮的诗句。请抛开那些古板的规矩和毫无章法的激情，也不要理睬莎士比亚这样的白痴吧！"在整个18世纪，尤其在文坛，伏尔泰名声显赫，一言九鼎。在他的倡导下，英国有才华、有胆识的人士紧随其后大力批判莎士比亚及其作品。

在伏尔泰的追随者中，本·琼森说莎士比亚"无知而庸俗"，普鲁士国王腓特烈二世也在批评者的行列，在给伏尔泰的信中谈及《裘力斯·恺撒》时写道："按规矩重写并改造这英国人不成体统的剧本，这是您的功绩。"在18世纪，莎士比亚及其作品竟受到了如此遭遇，这也许是他从未想到的。法国诗人拉·哈尔普认为莎士比亚虽然粗俗不堪，但毕竟还不是文盲兼莽汉。这就是莎士比亚当时在文坛的状况。

至今，对莎士比亚及其作品的批评仍然历久不衰。在英国，有人批评《量罪记》，认为是"拼凑的喜剧"，"可恶至极"，更有甚者称"太倒胃口！"云云。

1804年，一位《世界名人录》的作者在提到法国历史上的宗教冤案——卡拉事件时没有提到伏尔泰。这位与此事件紧密相关的人物竟被忽略了，各国政府却大力支持并给予极大的物资援助。这位作者为了表示自己的评价是中肯的，他先提到莎士比亚少时曾在贵族庄园有偷猎行为。因此，他认为大自然使这位诗人脑中不仅仅汇聚了精华，同时又具备了最卑贱粗俗的一些下等货色。曾有一位大学究评价莎士比亚是二流作家和低级诗人，在当时，这样的评价比比皆是。

第二节　莎士比亚对古典主义美学的突破

伟大的诗人必然是历史学家兼哲学家，莎士比亚也同时兼具这三重身份。他还是了不起的、宏伟的画师！诗人不仅要描述，还要求证。他的身上有一面反光镜来观察世间万象，还有一个聚光器使作品充满激情。这样，诗人的脑海便有了绚烂的光谱，照射在人类历史黑暗的城墙上光芒万丈……莎士比亚的作品兼具各种元素，悲喜剧、神话、赞歌、闹剧、神的欢笑、恐怖与可厌……总之，他的戏剧作品包罗万象，他登上了悲喜剧之巅。

他既是希腊东北部奥林帕斯山峰的神仙，又是庙会杂剧的卖艺人，凡能涉及的他样样都有。他还有魔鬼的一面，一旦抓住你就休想逃脱。他不会发慈悲，他卓绝的才能借助残酷来感动人心。

在历史剧《约翰王》中，他塑造了亚瑟的母亲这个人物形象，随着剧情的发展，当你的思想同剧中人亚瑟母亲的感情已经水乳交融、难分彼此时，他却残忍地让剧中人杀了她的儿子。他在恐怖方面较史载更有过之而无不及，这是一般人很难做到的。

再如历史剧《亨利六世》，他残酷地杀死儿子让父亲悲痛欲绝，还把父亲拭泪的手绢先浸在儿子的血泊中！他让曲折的剧情噎住了哀歌，用同样残酷的叙述让奥赛罗扼死了苔丝德梦娜。

天才在创作中不讲情面，焦虑和冷酷无情都完全展现，他遵循自己的创作规律。天才往往在某些方面才智过人，莎士比亚善于描写恐怖凄惨，这种倾向奠定了他的创作方向。莎士比亚和埃斯库罗斯、但丁汇集了人类激情的莽川巨流，向自己的源头倾倒无尽的泪水。

只有自己的目标才能限制诗人。诗人只考虑要表现什么思想，除了受制于自己的思想，他们不屈从于任何权威。由于艺术来自于永恒绝对，那么在艺术中就像在永恒绝对中一样，只要目的正确就可采用各种的手段。他们有违世俗常规，这就使得即便高超的批评家也需沉思默想，同时这也体现了艺术的神秘性。诗人在艺术中的作用是神圣的，诗人在其作品中的作用，就像上帝在人身上的作用一般。诗人令读者感动、震惊，然后使读者恢复常态，或者惘然若失，他的作品常与你的期待背道而驰，以出人意料的情节深入你的灵魂。那么，请抚卷深思吧！艺术像永恒无垠一样，有一个高于一切的原因。

请问大海上为什么会有暴风雨？为什么你觉得丑陋或怪异的东西也有其生存的理由？请问《圣经》中约伯为何用碎片刮脓疮？请问但丁为何在《神曲》中，描述净界里的鬼魂要用铁丝缝住眼睛，让汩汩的血泪在缝制过程中奔涌而出呢？约伯继续用碎瓦片清洁伤口，在粪堆中揩拭瓦片。但丁的创作忠于自己的思想，莎士比亚也是这样。

莎士比亚的威严君临一切，不可抗拒。同时又流露出有分寸的魅力，这是强者的魅力，它既高于古罗马诗人奥维德等人的柔情、媚态和诸如此类的魅力，也不亚于米洛的维纳斯和梅迪契的维纳斯，但我认为米洛的维纳斯胜过了梅迪契的维纳斯。无论是谁，都对未知的事物流露出形而上学的问题。灵魂和大自然的谜语、偶尔的遥远直觉以及思想与事件的交融，将这些化为了精致而巧妙的形象，让诗歌洋溢着神秘美妙的典型；不会因为没有痛楚而展现可爱；它们有深远的意趣，同时又充满实感；它们即使对身后的鬼影有所顾忌，却又绞尽脑汁、千方百计地取悦于你。这是多么深沉的优雅啊，却又那么让人可望而不可即啊！

美好而雄伟的形象可能存在，如《荷马史诗》中的人物——特洛亚城英雄海克托之子阿斯蒂雅纳斯就是一例。在这里所说的深沉和优雅，要比史诗的精致和巧妙更胜一筹。它与一种、甚至几种干扰相互交织着，并且有无穷深远的意思深含其中。这几乎是明与暗的比照，也只有像莎士比亚这样的绝代天才，才能寓深沉于微笑之中，同时，让这微笑展露出优雅，却又有万丈深渊一样的深沉。

莎士比亚所具有的这种优雅，与病态的优雅截然不同，虽然在作品中都有墓地出现。将诗人的境遇融入艺术之炉中，戏剧就会产生悲怆的艺术感染力，莎士比亚的优雅与恐怖在戏剧中表现得淋漓尽致。

莎士比亚的戏剧作品的核心哈姆雷特是猜疑的化身，爱情便是作品的两极——罗密欧的晨之恋与奥赛罗的暮之恋。哈姆雷特是整个作品的灵魂，而罗密欧与奥赛罗就是作品全部的内脏。在朱丽叶的爱情尸衣中尚透着一丝光明，而在奥菲丽亚和苔丝德蒙娜的尸布上存在的只有阴暗，这是典型的恶意中明暗对照，她们或是被凌辱，或是被猜忌。总之，她们都与爱情失之交臂，她们是无辜的，她们的灵魂永远得不到一丝慰藉。虽然她们有着不同的曲折经历，然而死后她们的灵魂却相逢在一起，她们如同一对素昧平生的姐妹，柳枝在她们两人的上方摇曳，苔丝德蒙娜吟唱着柳之歌，河水载着奥菲丽亚，被诬陷的苔丝德蒙娜伴着歌声归去，而溺水的奥菲丽亚却在这歌声荡漾的水中，披头散发，无望地被吞噬。

在哲学方面，莎士比亚比荷马甚至走得更远，这一点几乎在他所有的作品中都有体现。他不仅创作了特洛伊最后一位国王普里安，还创作了李尔王，哀悼忘恩负义者比哀悼死者更加可悲；荷马遇见那些妒忌羡慕之人，便会用权杖打击他们，而莎士比亚则用了极端的手法来表现人物，他将权柄交给了妒羡者，从而塑造了查理三世这样的典型人物。这样一来，就使得妒羡者更加原形毕露，使其本性更加赤裸裸地展现于读者和观众面前。一个拥有王位、权力至高的人妒忌别人，真是太不可思议了！

在这位哲学家的笔下，他不但创造了畸形的暴君形象，还创造了畸形的奴仆，像福尔斯太夫。福尔斯太夫贪吃、怯懦、残暴、污浊，他的面孔和大肚皮属于人类，而下半身却是畜生，他是个人面猪身的怪物，他靠着卑劣的四条腿行走。这样变态的形象，有拉伯雷《巨人传》中的巴汝奇；有塞万提斯《堂吉诃德》里面的桑丘·潘沙，他同驴子相依为命，与无知融为一体。

莎士比亚的思想与其他的思想家有共同点：他们的思想善于深入，想象力无比丰富。在他的思想中，任何思想都不如想象力那样深沉、那样寻根究底。想象就像伟大的潜水员，勇于探索最深、最广的地方。科学的探索、研究都是离不开想象，如圆锥曲线、对数、微积分，还有或然率计算、微积分计算、声波计算、代数在集合中的运用等，都离不开想象。所以说，数学也是诗歌。那些不了解想象的愚昧学者，只能奢谈科学。

诗人的哲理源于他的想象。因此，莎士比亚在作品中娴熟地描摹现实，竟然可以让现实与自己天马行空的思想并行不悖。这种自由无拘的想象其实在某种程度上代表"真"。这种创作类别让人深思。如命运与幻想的关系，虽然在表面上很少有连贯、很少有关联，甚至是一种混乱的推理。诸如为何给魔鬼约翰加冕？为何要杀掉亚瑟？为何处贞德以火刑？为何路易十五得到所有想得到的？为何路易十六被处罚？

诗人展开丰富的想象，把幻想从这种逻辑中得到现实，做到了文学作品源于现实且高于现实的一面，使其艺术性、文学性、审美性、教育性有机地结合在一起。

莎士比亚的喜剧是通过泪水展现的，哭泣又是来自人物的开怀大笑，人物形象各异，性格迥乎不同，但彼此交融且又相互碰撞；有的是一些怪兽和庞然大物，他们拖着沉重的步伐走过；有的是一些幽灵，或是妇女，又像一缕缥缈的轻烟薄雾，像汹涌的波涛此起彼伏。他们的灵魂如黑暗中的蜻蜓，又如暮色中的蜜蜂，在黑魆魆芦苇丛中轻盈地舞动，这些所谓的"芦苇"就是作品中所表达的激情与事件。无论人物的感情还是所描写的事件，都会表现出从一个极端到另一个极端。

在最阴沉可怕的悲剧《麦克白》中，麦克白夫人怂恿丈夫利用国王邓肯在自己家里做客的机会，弑君自立。还有充满幻想和浪漫色彩的抒情喜剧《仲夏夜之梦》中的人物提坦妮娅为爱情而冲破家长的干涉，在仙人的帮助下争取到婚姻自由的胜利。通过这两部极端的作品，反映出人物的极端的性格，展示事件的极端性。充分显示莎士比亚无比深邃、无比硕大的思想境界和极其浩瀚、极其无边的妄为任性。

莎士比亚的作品，无论是历史剧、喜剧，还是悲剧，都充满了丰富的想象，其中包括幻想，他的每一部作品，都是一幅复杂的图案。如大自然中的植物，发芽、生长、盘根虬结，枝枯叶落，繁衍扩张，从翠绿、到开花、再到结果，和着各种梦幻，凭着它特有的扩张和生长的潜力，严实地布满天际，重新打开新视野；同时又以无数不同的图形交织在一起，挡截所射出的光流；他用惊骇世俗的手法，把人的形象带进这枝叶间，使整个画面令人头晕目眩。在复杂的图案中体现着哲学，反映着大自然；他用想象的艺术手法，在崇峻之中体现着无穷无尽；在幻想与现实结合的杰作中，让人的灵魂无比激动、无比感慨，那是一种不折不扣的无比伟大的激情。如《暴风雨》、《特洛伊罗斯与克瑞西达》、《威尼斯商人》、《温莎的风流娘儿们》、《仲夏夜之梦》、《冬天的故事》、《维罗那二绅士》，都是幻想、复杂图案的典范。在作品中，莎士比亚巧妙地揣度、斟酌，既没有让植物遮住建筑，也没让复杂的图案充塞剧本。这就是天才的莎士比亚，同时又是莎士比亚的天才。

天才的特性之一，就是把最不相干的才能聚拢在一起，在画出环形雕饰的同时，又能挖掘出灵魂。莎士比亚擅长捕捉、挖掘人物的内心世界，他能随时在作品中创造出意想不到的情节，并从自我意识中挖掘出所有意想不到的东西。在描写人物心理的探索中，很少有其他诗人会超过他。他道出了人类灵魂中一些最奇怪又最特别的特点。通过复杂的剧情外表，巧妙地显示了形而上学的单纯事实。有些事情自己也不敢承认，从一开始就感到害怕，最后却成了渴求的朦胧之物，成了天真少女与杀人犯的联结点，如朱丽叶的心灵与麦克白的心灵。爱情是少女内心害怕而又渴望的东西，就像罪犯对于野心的渴望一样。正如向幽灵偷偷送去的一吻，在前者是光明而甜美的一吻，而在后者却是埋伏着不祥的一吻。

莎士比亚的作品想象丰富、意境深远，有综合分析，又有生动活泼的创造；有幻想、有科学，又有形而上学；既有史学家的历史，又有童话故事的历史；人物既有弑君的麦克白，又有叛国奸贼科利奥兰纳斯，还有暴君形象的恺撒、亨利八世；食肉动物中，有狮子，有高利贷者夏洛克。

在《威尼斯商人》这部巨作中，黄昏时分在荒凉的草丛上，因许诺给杀人犯王冠，此刻冒出了三个黑影。这情景令人想起了希腊神话中的三位复仇女神。在作品中，表现出了无穷无尽的力量和动人的魅力；表现出了史诗般的残暴、悲天悯人的情绪；表现出了非凡的创造力，还有小人无法感受到的乐观、嘲讽，还有施加给坏蛋的鞭挞，作品拥有天体式的宏伟、微乎其微的精细、错落参差的诗意以及开阔的全景和深入的细节，不能不说这是作者的匠心独具，让我们不得不承认他无处不在、无所不包的艺术才智！他的作品给人一种异样的感觉——"从人世间的一个豁口呼啸着吹来"一阵风，强劲有力、令人战栗。莎士比亚拥有着的光辉灿烂，是天才的光辉、是天才的灿烂，真可谓"对偶相辅，浑然一体"！

天才和庸才，正如红宝石和水晶、玻璃一样，他有双重反光和双重折射。天才和红宝石在精神领域、物理领域的现象相同。庸才没有资格具备这些特点的，这是天生丽质，是无法改变的事实。红宝石属于钻石中的钻石，是极品。红宝石是否存在，可以去探索，而天才的存在却是事实。如果读埃斯库罗斯、尤维纳利斯的诗后，你就会发现人类头脑中存在的红宝石了。

红宝石双重反光的现象，就像在天才身上把对偶提升到最高的力度。"对偶"是一种修辞手法，它具有一种至高无上的能力。将抽象的东西具体化，让读者足以看到事物的两个侧面，对事物进行更进一步的了解与认识。

奥维德尽管也有才智，但这个怯懦的放逐者是暴君的献媚者，是放逐群中的走狗。他血腥味太浓，因为他专舐血淋淋的双手，让人鄙视。人们厌恶他出色的才智，他的这种才智，绝不能与莎士比亚相提并论，也绝不能将二者等而视之。

莎士比亚的才智是涵盖一切的全才。他包含了一些诗人，就像米开朗琪罗包含了一些艺术家一样。他的才智令有些人忌妒，说什么"米开朗琪罗装腔作势"，说什么"莎士比亚滥用对偶"等，如此之说，仅仅是一些不懂得艺术，却又真正装腔作势者的显摆之态。

说起"对偶"，莎士比亚在其作品中对"对偶"的运用倾其全力，确实达到了"对偶相辅，浑然一体"的艺术效果。这虽然是他的优点，如果仅凭这一点看他的全貌，对他进行整体的评论是不公平的。尤其对这样一位"戏剧之父"更是不公平了。这样的赞美，对莎士比亚这位真正伟大的诗人来说是当之无愧的！他的创作简直是创造。

什么是创造？善与恶、喜与悲、男与女、怒吼与歌唱、雄鹰与秃鹫、闪电与阳光、蜜蜂与大胡蜂、山谷与山峰、爱与恨、奖章与背面、光明与畸形、星辰与虫豸、高尚与低贱。大自然永远具有双面像。像这样的对偶存在于人类的一切活动中，比如在寓言、历史、哲学史、语言中。

由这种对偶又派生出"反语"，比如，假如你当了复仇女神，人家便称你为"可爱的报仇人"；假如你杀了亲兄弟，人家便说你"有手足之情"；假如你杀了自己的父亲，人家会称你为"孝子"；假如你成了名将，人家便称你为"小小的班长"。

莎士比亚的对偶是普照一切的，在作品中处处存在，时时运用，这一手法也体现了其作品的风格。生与死、冷与热、正义与不义、天使与魔鬼、天与地、鲜花与雷电、旋律与和声、灵与肉、伟大与渺小、宽厚与忌妒、海浪与唾液、飓风与口哨声、我与非我、客观与主观、奇迹与显灵、典型与丑怪、灵魂与鬼影等。

在莎士比亚的作品中，对偶是普遍存在的。伦勃朗之所以能形成他的明暗对比，另外的画家之所以能勾勒出复杂的图画都是基于这种对偶，这种悄然而尖锐的争斗，这无休止的潮起潮落，这永恒的是与否，这无法调解的对抗，这永恒而广泛的对立。可以说，艺术的对偶，是艺术作品的生命的重要部分，没有了它，作品就失去了艺术价值。正如是说："若要取消艺术的这种对偶，先得从大自然中将它取消！"

曾有人说："他知趣而寡言，您跟他相处会非常平静，他做什么也不过分。他尤其有一个罕见的优点，就是平淡无奇。"你也许觉得：这不是在赞扬一个作家，简直是在推荐一个仆人。因此，曾有个所谓"严肃的"学派，把"平淡无奇"作为诗歌纲领。文艺界可能为避免文学出现消化不良，过去提倡文学内容要丰富而有力度；任何作品都离不开丰富的想象，表达采用多种修辞，意境深远广阔。诗人的本色，是在繁花似锦的环境中，面对各种形象、人物；各种芳香四溢的花草树木；面对色彩斑斓、五光十色的场景，只感受、领略，在那里不触摸、不采摘任何东西。一本好的评论，就像是一本关于饮酒危害性的论述。如要写《伊利昂纪》就要摈弃繁复华丽的描写，即使拉伯雷也无法接受这样的写作。

抒情笔调的美妙之处是令人陶醉，伟大与不平凡会令人眩晕，理想往往使人情迷意乱，经过了这些的人也会无所适从；有过优厚待遇的人，会不在乎不及自己得到的，从此会变得骄奢、冷酷、野心勃勃。有人会说，"打住，千万要戒酒！禁止去'崇高'酒店！"

在文艺创作中，如果说自由等于纵欲，自我约束固然很好的话，那自我阉割岂不更妙！要终身清心寡欲！"平淡"派主张清心寡欲、四平八稳，主张尊重权贵、衣冠楚楚，认为只有穿戴整齐，才算是诗歌。大草原不梳理头发、雄狮不修剪指甲、激流不经过筛选、大海的袒胸露腹、星云的散列，这都是刺眼的吗？还有海浪的汹涌澎湃、瀑布的飞流直下，尤维纳利斯对暴君的唾弃，难道是大逆不道吗？

有人主张"宁缺毋滥"，这有些太夸张了。这是说玫瑰树必须要开几朵花；这是在劝告草原少开几朵雏菊；这是在命令春天自我克制。别以为鸟巢坠落是负重过度，小树林里不可有多余的莺飞草长，银河必须为星座编号，那么多的星星，能行吗？照这么说，五十年开一次的仙人掌倒是值得推广的好花了。

有一位花园看守，人家问他："您园子里可有夜莺？"他说："别提啦，从五月初到五月底，这些该死的小畜生叫个没完没了！"这岂不是对"平淡"派的有的放矢的批判？另有一位批评家评论法国一位戏剧家时说："他的文风有一大长处，就是不包含比喻。"如今，这奇怪的赞扬却在到处推广。这让人想起复辟时的一位知名教授，他对先知们滥用比喻和形象有所不满，对《圣经》里的先知名篇定论说"全部《圣经》都是用'比如'写成"，还有一位比教授还要教授的人说了一句仍在学校广为传诵的话语："我将尤维纳利斯扔进浪漫派的粪堆！"尤维纳利斯有什么罪呢？主要原因是尤维纳利斯和先知们犯了同样的错误，都情愿用形象来表达思想。比喻、形象要适当运用于文艺作品中，虽不能滥用，但也不能不用。在博大精深的文学领域，在表达上也不能局限于化学术语，也要适当地用形象的比喻。

至于学院派也对诗人们使用形象和比喻表示了不满与愤愤不平，这也许是因为他们在学习中不得不"消化"掉这些形象和比喻。由于品达、亚里斯多芬、塞万提斯等在生活上高消费，他们已感到自己财政吃紧，再加上"平淡派"的主张禁锢了情感、欲望、人的心灵、现实、理想和生命，使得他们惊恐万状，骂天才们是"贪吃的馋猫"，并予以他们很高的评价："他们真行！"

在所有这些方面，卫道派和学院派的意见总是一致，他们如同亲兄弟一样相互支持、相互拥护。奇怪的假正经似乎成了一种风格，并很有优越感；我们会以为掷弹兵捐躯的方式显得粗暴，同时也为此深感羞愧；兵营里说话就像在修道院，显得十分虔诚，可卫兵们私下谈话却满口脏话；因老兵为滑铁卢事件情绪低落，于是授予荣誉十字章以示安慰；有些已载入史册的用语并没有被历史认可；向罗伯斯庇尔开枪的卫士无视历史、自己逞强当英雄。

两种派别，志趣相投，他们都维护社会秩序，而且反映相当好。一些循规蹈矩的诗人由此产生，他们作品的风格总是十分含蓄、欲言又止；他们拿"思想"当女人，从不与思想"任情妄为"；把幻想当浪漫女子，从不与幻想"幽会"；又把想象说成是危险的游荡女神，更不想与想象"云云雨雨"，他们本分的不得了。因此，学院与卫道这批评界的两兄弟，把那些被教化的不入流的文丐学生，统统收进自己的教化所，让他们从此不给那些女神一个飞吻，本本分分地做该做的事。他们有了自己的一套禁令、一派文学、一派艺术，统统"向右看齐"地要从政治和文学两方面拯救社会。他们认为诗歌对社会徒劳无益、毫无影响，是无足轻重的东西，总是稚气十足地追求韵律，虚有其表。因此，必须捆住那些思想家如洪水猛兽一般可怕的思想，使他们归巢入穴，永不得外放。他们认为诗人是危险的人物，他们不能光宗耀祖，只会惹是生非，甚至还招来厄运。

作家们常常会遭到迫害。世俗的手段很有效，在各种各样的方法中，流放成了最为普遍的方法。放逐作家从埃斯库罗斯开始，一直到伏尔泰也没有告终。在这条铁链上记录着每个世纪的流放事件。流放也好，放逐也罢，是有理由的，不能在所有的案例上都用，这样很不方便。正如每天的小打小闹，不能用重刑，只能用轻便一点的武器。又如官方的批评一样，必须办妥宣誓的手续才有用，放逐是安排作家自相迫害的一条妙计。有了笔墨官司，就可以设置文学警察。

良好的趣味性是建立良好秩序的一项良好的措施。有人认为，平淡的作家是听话选民的对应物；有灵感的作家有追求自由的嫌疑；诗人由于有丰富的联想与想象，所以诗歌就有些逍遥法外。因此，就产生了官方的批评文艺——官方文艺。

一整套特别的修辞学是大自然走进艺术这道狭窄的侧门。按官方批评者所言，大自然有蛊惑人心的嫌疑，风雨雷电过于喧闹，有消极作用，该被取消；还有春风、秋风，春雨、秋雨会擅自入侵宅邸；风暴竟敢在夜间扰民，这些追求自由的主儿难道都该被取消？更有甚者——目前美术学校的一位学生，被风雨吹得把大衣的一角给卷起来了，当地的老师看了很反感，斥责道："在艺术风格中不存在刮风！"这在文艺界的反映不是很糟，因为我们在前进。当时，社会有了局部的进展。有的悔过之后，根据悔过书，收了几个人进学士院，有法国诗人兼批评家特奥菲·戈蒂埃等人，以便来拯救文艺界的病患。但这不够，因为病到了无可救药的地步。使古老的天主教会和合法文学受到了威胁。这时黑暗势力摇摇欲坠，什么新思想，统统成为过去时，于是人们朝着哲学的女儿——民主冲过去。

为防范天才作品——疯狂的病例，讲卫生的药方一而再地开放，但仍有疏漏。好像有诗人在流浪。警察局的粗心让灵魂游荡，流浪的诗人再次复现，让当局有何想法？因此，提高警惕，别让智者受伤。如今确实有危险，但已查明实据，好像遇到了没有被堵住嘴巴的莎士比亚。这没堵上嘴的莎士比亚，是眼下雨果的儿子所译的莎士比亚全集。

有人说莎士比亚是"严肃"美学须加管教的一个刁民。如果说，有一个人不太配"他平淡无奇"的好评，那这人非威廉·莎士比亚莫属了。

莎士比亚"是富饶、是力量、是丰腴、是膨胀的乳房、是泡沫四溅的酒樽、是盛得满满的食盘、是过剩的精华、是奔腾的熔岩、是呼之欲出的幼芽、是普降的生命之雨，一切都成百上千、一切都以千万百万计；没有障碍、没有修补、没有删节，那是创造者的挥霍，毫无节制、却宁静安详。在囊中羞涩者看来，这无穷无尽仿佛是如痴如狂。他快写完了吗？永远不会"。因为莎士比亚就是头晕目眩的播种者。他的每句话里都包含着形象、对比的修辞手法；他的每句话里都包含着白昼与黑夜。

我们知道，诗人就是大自然。诗人的细致入微、做工精巧、毫发不爽就像大自然；诗人的广阔无垠，也像大自然；诗人的不含蓄、不保留、不吝啬更像大自然。诗人的纯粹尤其妙不可言，这就叫简单。

我认为，诗歌的平淡就是贫乏，而诗人的简单即是伟大。诗人给每一件事物以合适的空间，不多也不少，这就是简单，就是恰到好处，表达趣味的全部规则尽在其中，对每件事都保留某种内在的平衡、维护某种神秘的比例。无论何种事物，不论在风格上还是总体上，都可以化为简单。这就是伟大艺术的奥秘。只有高尚的批评从满腔热忱中出发，才能体察和理解这些深刻的规律，无论是富裕，还是充沛，还是万丈光芒，统统可以简单。就如太阳一样简单，而这样一种简单并非一般人所说的简单。

不管如何富足，如何经纬交织、千头万绪，以至于不可分解，总而言之，所有真实的东西都很简单，就像植物的根茎一样简单。这是一种深刻的简单，是唯一被艺术认可的简单。既然简单源于真实，所以它就是真理的面目。莎士比亚的简单是一种真实的简单，一种伟大的简单，他之所以忘情于此，是因为他对于渺小的简单全都不知道。病态的简单与诗歌无缘，谈不上神思飞扬，他是无能的、贫瘠的、令人窒息的，住院于他是再合适不过了。

人，无论凡人，还是英雄，都有简单之处。我认可我欣赏后者的简单。因为这就是诗人的简单、诗歌的简单，它如橡树枝繁叶茂。橡树不会让人觉得烦琐、纤细，它身上有无数的"对偶"，它巨大的树干与细小的树叶、它粗糙的树皮与柔嫩的青苔、它被阳光沐浴与投下匝地的浓荫、为英雄准备桂冠与给俗物提供果实，这些都是天然雕饰而成，绝不是装腔作势、献媚讨好，或是工于心计，或是趣味低俗，这都不是橡树过于聪明，不是它专美于豪门富贵，不是它可笑、冷僻夸张、文风不正，更不是它的衰败与没落，而是一种简单——崇高的简单，这是大白菜无法比拟的一种简单。

纤细、聪明过头、做作、文风败坏是小户人家的毛病，而有些人却急忙强加给莎士比亚这位文学巨人。然而，这位巨人把一切都不放在眼里：他勇往直前，把追随者甩得远远的、让他们气喘吁吁、望尘莫及；他跨越种种规矩、守则的防线，他大胆地踢翻亚里士多德的《诗学》；把各派教会掀个底朝天；他弄得宗教改革家们无所适从；他勇敢、大胆、好斗、直抒胸怀且有闯劲儿。他的文具箱像火山口一样总是烟雾滚滚。他对工作满腔热忱、锲而不舍。他总是手握巨笔、头上喷出火焰，身躯附上了魔鬼，骏马似的径直向前奔跑，以至于不顾左邻右舍，咄咄逼人。

这正是莎士比亚一类诗人的风格：总是不顾别人，独占风光；总是遒劲有力、处处洋溢着灵感，如同大草原一般，遍地都是比喻；又如同橡树一般，浑身充满着对偶；更如同宇宙一般，到处是对照、是深洞；它不停地产出、吐蕾、联结、生育，豪放而开阔的全局、精妙而扎实的细节，生动活泼的沟通、孕育、充实，最后有了产品……太过分啦！这简直是对"中立国"主权的侵犯！

将近三百年来，那些主张"平淡无奇"的批评家们眼中流露着不满意和挑剔，他们看待莎士比亚这位热情洋溢的诗人的眼光颇像某些偷窥后宫的不入流行为。

在莎士比亚毫无保留、毫无节制、毫无界限和毫无空白的风格中，唯独缺少的是空缺。他不吃斋、不节省金钱。他四处奔走，如植物生长、如生根发芽、如火如光。他时时牵挂着观众和读者，有时对你们进行道德规劝、和你们交朋友，有时又像拉·封登那样处处行善、有时给你们帮点小忙，让你们不妨在他的熊熊烈火上暖暖手。

像奥瑟罗、罗密欧、埃古、麦克白、夏洛克、查理三世、裘力斯·恺撒、奥菲丽亚、苔丝德蒙娜、朱丽叶、提坦妮娅等这些男男女女、巫婆、仙子、幽灵、神怪，莎士比亚对他们都敞开了胸怀。还有对吉雪加、科第丽霞、鲍细霞、克雷雪达、勃拉班旭、霍拉旭、德修斯等都是一样的大度。这就是"诗人"，他奉献自己、他给予、他扩散，可他没有囊中羞涩。为什么？因为他不会吃尽荡光。他是一种"无底洞"。他充实自己、耗费自己，又周而复始，他是天才的摇篮，时不时会从中"漏"下东西。

在语言方面，莎士比亚和拉伯雷有共同之处——语言放荡不羁。因此，惹得一位自诩"天鹅"者，骂拉伯雷为猪猡。

有人评价："像一切才智非凡者滥施权威那样，莎士比亚把整个大自然斟进酒杯并开怀畅饮，而且请你与他共饮。"因此，使得伏尔泰对他不满，责怪他贪杯无度。莎士比亚为何有如此之脾气？是因为他思想的永不停止、永不厌倦。他的"胃口"很好，而且很大。他看不起那些"胃口"很小却很想在学士院登堂入室的人，他视他们为可怜虫，并对他们毫不留情。他的这跨世纪的壮怀激越之歌，是战歌、是饮酒歌、是恋歌，从李尔王唱到民间流传的仙后、从哈姆雷特唱到福尔斯太夫。有时悲泣得令人断肠，有时雄壮得像《伊利昂记》，它雄伟壮观、包罗万象而又酣畅淋漓！因而令一位学士院名流感叹道："因为读莎士比亚的作品，我快累得趴下了！"

他的诗淳朴芳香，有时运用散文，有时运用诗句，无论哪种形式，都体现他博大精深的思想，都显得自然、毫无矫揉造作之态。诗中有悲叹，也有嘲弄。英语的不规范使他在表达上时而顺利，时而困难，而作品中他那深邃的灵魂无处不在、无时不有。

莎士比亚的戏剧是以狂放的节奏展开，广大无垠而又跄跄跄跄，令人头晕目眩。宏伟、动情而坚实。莎士比亚之所以战栗着，是因为他有各路风神，他有精灵媚药、有震动和吹拂而过的微风、有潜移默化的轻叹与微息、更有无可名状的伟大的活力。动中有静、以静制动。诗人歌德正好缺少莎士比亚的这种动荡。这动荡只有头等的才识之士才具备，像约伯、埃斯库罗斯、但丁。

有人说莎士比亚"不感情用事"是一种谬误。他向自己提出谜语，再设法解谜，在人间，神仙也会变成人，这神奇的灵感，夹杂着惊异，这种精神上的庄重可以说是孤僻。和所有伟大的诗人一样，和所有不平凡的事物一样，莎士比亚心中充满着幻想，这些令自己害怕、惊慌。有时，自己也会吓着自己，甚至吓坏自己。他崇高的智慧使他害怕自己的深邃，正因为这宽广无垠的震撼力传导给他莫名的巨大波动，才使他成为醉醺醺的野蛮人，使他野蛮得像原始森林，又像波涛汹涌而充满醉意的大海。

莎士比亚拥有雄鹰般非凡的气度，时而腾飞、下落、再腾飞；时而上升、降落、俯飞、急降，时而骤然落下，时而高飞，他是上帝有意不加管束的天才之一。他勇往直前地进入无垠的境界。人类历史因为这样的天才出现，才使得艺术、科学、哲学乃至整个社会焕然一新。他们充实了整整一个世纪，然后销声匿迹。

然而，他们的光辉照耀着整个世纪、照耀这人类千秋万代，对人类的发展起着巨大的推动作用。人们发现这些天才，他们身上汇聚了整个人类的思想，他们在某个历史阶段出现，推动社会的进步。这些高尚而智慧的有识之士，会有生命结束、事业完成的一天，在那神秘的冥界、无垠的天国中与另外一群天才会合，他们属于同一个族系。

第二章　莎士比亚的巅峰之作

诗人创造并发现了许多人物及情节，

如此的独特、逼真，并以符合自己逻辑的方式发展，

以至这样的内容引起某些教派的反感，

他们认为这侵犯了天意，

于是称诗人为"说谎者"。

如实记录人的思想意识，

并将其置于特定的环境之中，

任其在那里斗争、统治或者改革，

这便是戏剧。

戏剧拥有至高无上的东西，

操纵了人的灵魂，似乎平分了上帝的权利，

然而，在这不足为奇。

因为，上帝存在于人的内心之中。

第一节　天才与典型人物的创作

第一等天才的特点是能够创造典型的人物形象。同时，他们向人类奉上自己创作时的肖像画：有的笑，有的哭，有的在沉思。如古罗马剧作家普劳图斯含笑写出的愤世嫉俗者昂菲垂永，以及拉伯雷笔下的卡刚都亚，塞万提斯笔下的堂吉诃德，博马舍笔下的费加罗，都是作者含笑送给人类的作品；而莫里哀笔下的阿尔塞斯特，则是他含泪留给人类的作品；哈姆雷特和普罗米修斯则是莎士比亚和埃斯库罗斯沉思着送给人类的"礼物"。而这后一种创作行为更加伟大，是伟大天才留下的弥足珍贵的礼物。

这些天才虽然早已离开了人世，却给人类留下了自己创作的肖像画，作为告别世界的礼物。他们创作时的种种形态如同一幅栩栩如生的肖像画，虽没有溢美之处，但却准确而又逼真地反映了这些"过路者"灵魂深处的德行，并通过其容颜表现出来。凝固的泪水如粒粒珍珠一样挂在眼角，驻留的微笑竟然像是威吓，布满皱纹的额头是一种智慧的象征，而少量的蹙眉则体现了悲剧色彩。他们创造的一系列典型的人物形象成了世世代代的教育素材。每个世纪都会有几个新的人物形象出现。有的光彩流溢，像雕像一般，如莫里哀笔下的伪君子达尔夫；有的只是单纯的侧影，如 18 世纪法国作家勒撒日笔下的吉尔·布拉斯，以及伏尔泰笔下的天真汉。

上帝是凭借本能创造世界，而人则是通过观察凭借灵感创造新的作品。这是人对世界的"第二次创造"，实际上是替上帝完成创造世界的行动，这就是所谓的天才之举。诗人在创作中掌管着人物的命运。诗人创造并发现了许多人物及情节，如此的独特、逼真，并以符合自己逻辑的方式发展，以至这样的内容引起某些教派的反感，他们认为这侵犯了天意，于是称诗人为"说谎者"。如实记录人的思想意识，并将其置于特定的环境之中，任其在那里斗争、统治或者改革，这便是戏剧。戏剧拥有至高无上的东西，操纵了人的灵魂，似乎平分了上帝的权利，然而，在这不足为奇。因为，上帝存在于人的内心之中。这种平等让人和上帝合二为一。上帝就是人类的良知，使我们扬善惩恶；上帝是智慧，他给优秀的作品提供灵感。

然而即便认识到上帝在创作中的作用，也丝毫不能减缓人们对天才尖锐的批评。最伟大的才智最易于引起争议，甚至正是人类中最有智慧的人才会站出来攻击天才。更为奇怪的是，那些得到过灵感的人却不承认灵感的存在，比如伏尔泰、柏拉图、毕达哥拉斯以及众多的神父、成群结队的哲学家。他们都曾经严厉地批评过荷马。至于那些全盘否定者都不足挂齿，因为否定者并非批评家，仇恨不能与智慧同日而语，侮辱咒骂绝非探讨作品。那些否定天才的人其恶名不可能得到谅解，他们伤害天才就等于伤害了全人类。这些可悲的人用手抓了一把淤泥扔了出去，但却永远在历史的页面上留下了淤泥的斑痕。

这些否定者原本企图通过侮辱伟人来盗名窃誉，但是除了其中两三位早已不齿于万世，因此而被载入格言成语之外，其余的那些人早已消失在历史的尘埃中了，人们甚至都不知道他们存在过。这些可怜的人非但没有得到奖赏甚至连蔑视也没有得到，实在可悲至极！

在这里我们补充一句：污蔑是枉费工夫。它不会带来任何好处，也起不了任何作用，甚至即便它是有害的东西却不能祸害人，这岂不是枉费心机吗？相反，在特定的时候，有害的东西反而发挥着与其本来的意图相反的作用：辱骂变成了颂扬，诋毁却变成传播佳名。他们这样做只不过使荣誉的名声更响亮而已。

每位天才都要轮流试一试这伟大的人类面具，他们通过那灵魂之窗的双眼所产生的巨大的心灵力量把这面具完全变了样：从可怕变为滑稽，变为沉思、忧伤；又变得青春年少、笑容可掬；然后变得衰老，或者贪图肉欲、喜爱酒足饭饱；或者虔诚敬神；或者血口喷人、毒汁四溅，于是便有了埃阿斯、普里安、查理三世、麦克白夫人、苔丝德蒙娜、朱丽叶、罗密欧、李尔王、桑丘·潘沙、庞大固埃、巴汝奇等典型的人物形象。

在创世纪，上帝直接创造了亚当，他是"原型"人物。上帝借天才之手间接创造了另一些亚当，即典型人物。"典型"代表的是一群人和一种性格类别的人群而不是对任何个别人物的再现，他不会与某个个人相重合。典型不是对个别人物的"缩写"，而是浓缩；不是一个个体，而是全体。比如唐璜，他并非一个单独的个体，而是作者通过对各种有特色的人物进行探究、概括其自身的特色而熔铸的一个比现实人物更实在的灵魂；而"威尼斯商人"也并非某个高利贷者，他把所有的高利贷者集合起来，由这一群体所产生的一个"总和"，也就是夏洛克。作为犹太人，夏洛克不是一个人而是代表了整个犹太民族，代表了所有社会各阶层的信念。正是由于他的身上概括了被压迫的整个民族，因此夏洛克是伟大的。然而，整个犹太人中，包括中世纪所有的犹太人，没有一个人是夏洛克，正如所有寻欢作乐的人中没有一个人是唐璜一样。就比如说橘叶和橘子，咀嚼橘叶肯定尝不出橘子的味道，但是他们之间有着根茎相连的关系，他们的汁液都是来自同一根茎、分享同一块土地。因此，果树的所有秘密体现在水果上，而人的所有秘密则在典型人物身上得以再现，这就是典型人物奇特的生命。

典型人物在生活，这才是真正的奇迹。如果典型人物只是一种抽象的概括，那么人们就会认不出他，人们就会让这个"影子"自己走自己的路而不去理会他。"古典"悲剧与戏剧在塑造人物形象方面是有很大的区别的。"古典"悲剧塑造了一些稚嫩的生物，而戏剧却产生了典型人物。一个典型人物会给你带来思想上的启迪，一个具有人面的神话人物仿佛就在近处凝视着你。他的目光如同一面镜子，清晰地映照出人自己的影子。看一则比喻，感到有人仿佛推了你一把；读到一种象征，则似乎在大声警醒你。这种如神经般敏锐的思想，却拥有着如触手可及的皮肤血肉般实在，拥有爱恨的心灵、承受痛苦的心灵以及哭泣的眼睛、显露或使笑容消失的洁白牙齿！那种推动情节发展的心理观念，如果流血就会真的有鲜血流淌，所有这些就是典型人物。哦，典型人物，你是整个诗歌的力量所在！

典型人物是活生生的人！他们呼吸、跳动，我们甚至可以听得见他们踩在地板上的足音，他们是确确实实存在的。他们似乎就住在这条街上，在我们周围生活，随处可见。这些幽灵比凡人还更真实，他们的本质之中有许多永恒的东西，这些都能在优秀的作品中体现出来。

典型人物本是上帝可以预见的情况，却通过天才之手得以实现。上帝好像更愿意给人以教训，以便唤起人们的信念。诗人就住在满是凡人的大街小巷之中，于是上帝凑近耳朵与诗人悄悄说话。因此，典型人物才那样生动高效地代表了所有的生活在世间的凡人。有了人，才有了典型人物。

因此，上帝创造了世间万象，而天才只不过为其命名；上帝创造了小气鬼，天才则创造了具体典型人物阿巴公；上帝创造了奸贼，天才则创造了典型人物埃古。在特定的情况下，典型人物推出任何情节，那是整个民族与一位伟大的演员合作的产物。群众就像接生婆，在一个时代的两端和中间，都会涌现出许多鲜活的人物形象。

在艺术界和大自然界都可以涌现出典型人物。他们是真实存在的。这些典型人物形象可以反映出人类的善恶。在思想家看来，他们都体现了全人类。

我们已经指出，有多少个典型人物就有多少个亚当。荷马笔下的阿喀琉斯、埃斯库罗斯笔下的普罗米修斯、莎士比亚笔下的哈姆雷特都是一个个亚当的再现，从而产生诸如冲杀者、斗士以及梦想者。诗人还创造了各种各样的亚当，在他们的身上体现了情欲、责任、理智、良知、堕落及上升。

老者一般都是小心谨慎的，爱情和美都是有所寄托的。自从《创世纪》中塑造了一些典型人物开始，以后每个世纪都会增添一些新的典型人物。可以用抒情的句子来形容他们，亦可以用各种语言，甚至包括土话。

然而，但丁就是个特例，他的人物形象就是他自己，在诗歌里他塑造了自我。他就是自己的典型，他的亚当就是他自己。为了诗歌的情节，他除了找维吉尔充当配角之外没有去找过任何人。他以史诗诗人自居，从来不用什么笔名之类的来代替自己的名字。他认为自己要做的事情其实很简单，就是先下地狱，再登天堂，这有何难！他郑重其事地去敲"无垠"思想领域的大门，并大声喊道："快开门，我是但丁！"

第二节　哈姆雷特与普罗米修斯

埃斯库罗斯笔下的普罗米修斯和莎士比亚笔下的哈姆雷特可以称作是两位奇妙的亚当。其区别在于：普罗米修斯在行动，而哈姆雷特则是犹豫不决。束缚普罗米修斯的是外界，而捆绑哈姆雷特的则是其内心。

普罗米修斯的四肢被青铜钉子钉死在火刑架上，其意志也被钉死不能动弹，况且还有暴力和权力两个看守在监视着他。而哈姆雷特的意志则被事先的思考所束缚，这种奴役更加厉害，它是犹豫不决者难以摆脱的枷锁。

请自救吧！我们的梦幻就是真正的死结！内心的奴役就是真正的奴役！请爬上围墙逃出这所牢狱吧！逃出这禁锢良知的牢房吧！只有战胜上帝，普罗米修斯就可以获得自由，而哈姆雷特要想自由，必须先打破自己的枷锁，战胜自己。只要举起一座大山，普罗米修斯就可以站立起来；而哈姆雷特要想站立，必须解放自己的思想。普罗米修斯必须赶走那些啄食他的肝脏的苍鹰，而哈姆雷特必须摆脱自己心中的那个哈姆雷特。敞开普罗米修斯与哈姆雷特的心肝，前者流淌着鲜血，后者溢出的则是怀疑。

人们通过奥瑞斯忒斯和哈姆雷特这两个人物形象的对比来比较埃斯库罗斯和莎士比亚。这两部作品题材相近，那些学究们认为这两部作品基本相同，他们以为自己发现了"抄袭"而沾沾自喜。殊不知他们是何等的无知、无能呀！简直就是白痴！的确，学术研究就如同一块田地，学者们可以进行比较性研究进而提出严肃的评论。哈姆雷特这个人物是在奥瑞斯忒斯之后出现的。奥瑞斯忒斯是因为孝顺父亲，要为父报仇而杀死母亲及其情人的。

这其实是一种肤浅的、非实质性的比较，而两位被捆缚者——普罗米修斯和哈姆雷特的对比却给我们留下了深刻的影响。

我们知道：人的智慧虽然有一半是先天的，但是却时不时创造出不朽的作品。这种作品充斥于整个艺术，比我们想象的要多得多。比如，贝多芬对音乐的贡献、菲迪亚斯在雕塑方面的成就，以及伦勃朗在绘画方面的辉煌；还有米开朗琪罗，他在绘画、建筑和雕塑三方面都有很深的造诣。在这里我们就不一一列举了。

《普罗米修斯》和《哈姆雷特》属于这类超乎人力所创作的作品。在这些作品中常会出现一种巨大无比的、超过常规的分寸的"成见"，但却处处显示出伟大，这一切都令那些庸才们惊恐不已；真实在必要时通过变形和虚拟来证实，创作者用"未知"的名义，对命运、社会、法律及其宗教一律提出质疑；作品中的故事情节通常被当做一个"角色"来处理，并在其中责难命运或者上天；情欲贯穿在作品中，诗人以超乎寻常的勇敢和理性，在一切极端的情况下运笔自如；天才的作品具有深邃的智慧、巨人的温柔、动情的丑怪表现出的善良。如同黎明的曙光，在人们还来不及品味就已将光明撒向世间万物。这就是天才之作的特色，晨曦微露的光芒就在莎士比亚和但丁的作品中。

普罗米修斯被钉在高加索山的悬崖上，这是一种被我们的酷刑称作"陈放"的肉刑。没有比这更可怕的了！他到底犯什么罪？那就是争取权利之罪。暴君们的高明之处在于他们将争取权利称作罪过、将为其行动称作叛乱。普罗米修斯在奥林匹斯山上偷盗火种同夏娃在伊甸园偷食禁果一样都是对当权者的反叛。为此，朱庇特惩罚了他。

其实，朱庇特曾在普罗米修斯的帮助之下推翻了他的父亲克罗诺斯，才成为众神之首的。巨人族是一种"长子裔族"，也有它的"正统派"，包括埃斯库罗斯，这位普罗米修的复仇者。普罗米修斯本身就是战胜权力的象征。正如古往今来一样，朱庇特就是通过推翻其父的专制统治来夺得权力的。朱庇特命令在高加索山上行刑，普罗米修斯被带到那里，戴了脚镣手铐被钉在悬崖上。杰作之所以博大精深就因为他始终反映的是人类的行为。

被钉在高加索山上的普罗米修斯就会使人想起1772年后的波兰以及1815年雾月政变之后的法国。普罗米修斯不听说客的劝说向朱庇特屈服，拒绝说出是什么婚姻会使宙斯失去权力这个秘密。等待朱庇特的将是被其更强大的儿子推翻的命运。普罗米修斯嘲笑那些啄食他的肝脏的苍鹰。他耸耸肩膀，根本不把朱庇特放在眼里。朱庇特发怒了，他使用雷电、霹雳来摧垮普罗米修斯，雷击在他身上留下了血迹斑斑的烙印，但并未使普罗米修斯屈服，相反，使其更加的高傲！

但是在他周围的那些人都为他而哭泣，整个大地都陷入绝望之中。云霭如妇女般地跑过来向巨人普罗米修斯表示崇拜，听，森林在呼啸、野兽在嗥叫、狂风在怒吼；海浪也为他号啕、雷电、雨雪也为他悲鸣——整个宇宙都在为他遭受苦难，所有生命被他的铁项圈所禁锢，人类也在遭受和他一样的酷刑。瞧，整个世界都在上演一场悲剧。现在该怎么样呢？所有生灵对未来怀抱焦虑，他们不知道世界会变成怎样，一切都转向高加索山。大家显得无比焦虑——解放者被束缚了！

哈姆雷特更接近凡人，他不太像巨人，但他同样是伟大的典型人物。我们知道他是一个存在于不完备中的可怕的完人！他是一切！他既是暴君，同时又是鼓动者，他聪明且荒唐，他深沉而轻浮，他是男人但又不阴不阳。他，以一位学生为伙伴，不屈从于权贵、蔑视王位。他与过路人谈话、争论，他理解人民，但不重视人民的力量。他仇恨暴力、怀疑成就，他跟"神秘"称为兄弟。他装疯卖傻，却使自己的情人真正走向疯癫。他青睐幽灵和演员，他的言行古怪，手持奥瑞斯忒斯之斧，口中却说着滑稽的言语。他能谈论文学、背诵诗句、写连载剧本，让人匪夷所思的是他竟在坟场上玩弄死人骨头。他怒斥生母，为亲父复仇。

哈姆雷特令人惊骇，又让人不知所措，从来没有人能想象出如此令人透不过气的戏剧——弑父者提出的疑问："我知道什么啊！"在结束这可怕的生死之剧时，他竟然留下了一个无比巨大的问号。

让我们思考一下弑父者这个词。哈姆雷特是弑父者吗？是也不是。他仅仅威逼了自己的母亲，如此逼真以至于让母亲战栗："你的话是利刃……你想干什么？想杀我吗？救命呀，救命！快呀！"当她死去时，哈姆雷特一点也不怜悯，仍然痛击克劳狄并厉声地对他大喊："跟着我母亲去吧！"如果此时哈姆雷特脑子不是"向北"，而如奥瑞斯忒斯一样"向南"的话，他会杀死王后的。

在作品中，"真实"在怀疑，"真诚"在说谎，所以剧情显得很严峻。再没有比这更广阔、细腻的东西了。人在这里就是世界，世界在这里即为零，什么也不存在。就像哈姆雷特在自己的生命最旺盛时不相信自己的存在一样。这悲剧里带有哲学，其中的一切就在漂浮、怀疑、拖延、动摇、分解、丢失。思想变得如云如雾，意志显得如蒸汽，革命如傍晚的景色，行动会每时每刻向着反方向"吹拂"，好像主宰人的风向。

《哈姆雷特》是一部令人头脑发涨、发昏的作品，其中的一切都能见"底"，哈姆雷特思想的波折源于老王被杀、被埋，而真实的事却是鬼魂"代表"王权，欢乐是出死人头骨所"表现"。所以说，《哈姆雷特》不但是梦幻悲剧，更重要的，它是梦幻悲剧的杰作。

哈姆雷特为何要装疯呢？至今没有批评家给出原因。也许，是为了掩盖他的思想，准确地说，是为了酝酿一个更大的预谋，因为表面上的疯傻可以营造一个从容、镇定的环境，可以避免国王对他的防备。一个被定为"白痴"的人才能顺利地、不慌不忙地向着自己的目标前进。

哈姆雷特装疯也是为了自己的安全，当他知道克劳狄的罪行，他的处境就会很危险。诗人安排这样的情节，使他具备高级历史学家的气质。从而可见，诗人莎士比亚对古老深沉的王室秘密有深刻的了解。在中世纪和更古老的时期，谁要发现国王犯下的罪行，谁就一定会倒霉。冒犯皇上的弥天大罪之一便是知道了国王是杀人犯，谁要是自称"目光锐利"就是不懂权术的表现。如果被看出来你在怀疑国王，那就注定你要完蛋。哈姆雷特在这种情况下出路只有一条——装疯卖傻。只有装出"清白无辜"的样子，大家就会忽略他、不拿他当一回事，一切计划才能顺利、安全地进展。

历史上诸如此类的实例屡屡可见。比如《李尔王》中有相同的暗示，即伯爵之子以装疯卖傻保护自己。这一风格是打开莎士比亚思想的一把钥匙。

哈姆雷特是莎士比亚塑造的一个典型人物，也是诗人笔下的一位哲学家。他身材矮小、肥胖、有点儿神经质，他具有丹麦人的粗犷，他的语言不是抽象的说教，他上过大学堂，又具有意大利人礼貌且不露锋芒的性格。他的击剑术不错，但很容易气喘，所以每次击剑时他不愿多喝水，他怕比武时汗流浃背。诗人用浪漫主义和现实主义相结合的笔调先让人物充满了生活的真实感，然后又将其推入理想的境界。

莎士比亚还有些作品也可与《哈姆雷特》媲美，但是这些作品绝对没有超越它。《哈姆雷特》充分表现出"阴暗的庄严"这一风格。作品由打开一座坟墓引出，这实在了不起！因此，有人认为《哈姆雷特》是莎士比亚最重要的作品。在许多诗人创造的各种人物形象中，哈姆雷特是一个幽灵提出的怀疑。他见到了死去的父亲，并与之交谈。他没有被父亲说服，他不知道该怎么办，他双手抽搐着、再放下。他内心混乱、情绪复杂。猜测、整套的思想、骇人听闻的表象、血淋淋的回忆，都表现了他对幽灵的崇敬、仇恨和温情。他的犹豫不决使他焦虑，他想到父亲、想到母亲和彼此相反的义务，这对他来讲，是含义深沉的暴风骤雨。他脑子里一犹豫使得他铁青着脸。

莎士比亚是位神奇的造型诗人，在他的笔下，这位个性鲜明的人物几乎让人清楚地看见这灵魂苍白的色调。我们可以用"忧郁"来命名哈姆雷特，在他的头顶上似乎飞旋着受伤的蝙蝠，脚下有科学、有地球、有圆规、有沙时计，还有小爱神，身后有天际边升起的巨大而可怕的太阳，让天空似乎显得更加阴沉黑暗了。

然而，哈姆雷特的愤怒、激动、飓风般的怒气冲天、对母亲的诅咒、对自己的辱骂占据了他整整半个人，他处处表现出了"梦游"症状，他的大脑有着一种特殊的结构——一层是苦难，一层是思想，一层则是梦幻。他借助梦幻层的感觉来学习、察觉、饮水、进食、发怒、嘲笑、哭泣和说理。对他而言，在思想与生活之间有一个透明体，那是梦幻之墙，从这里可以看见墙内的一切，但无法跨越这堵墙，他像一种云雾式的障碍从四面八方围绕着哈姆雷特，就像在梦中奔跑式逃逸，无论怎样加快速度、怎样拼命，四肢总是配合不上，没有任何能力采取任何行动。

对于常人，是梦境，而哈姆雷特却是在清醒时承受，他始终没有安于现状，他呼唤着你、质问着你，大声得像跟和对岸的人在讲话。他远离那灾难，却又运动在其中；他远离自己询问过的路人、远离自己的思想和从事的行动，但他却始终无力自拔，仍然融入其中。他有最大强度的自我独立性，从来不碰自己碾碎的东西，这不是君主的暴躁却是他思想的旁白。当你被意志抛弃，没有了自我，此时，犹豫的确是一种孤独，是一种美丽。

哈姆雷特与奥瑞斯忒斯一样都承担着命运。虽然哈姆雷特的负担不比奥瑞斯忒斯的负担重，却比奥瑞斯忒斯的负担显得更有起伏。尽管他离群索居，但身上却有着所有人的特性。他的现实和我们的现实一样，甚至就是我们的现实，当他是那个阴暗的人时，我们大家也都是，他的多病，就表现了人的一种常态。生活未能完全适应他的需要时，他有着灵魂的不舒适，体现在鞋不合适，又要走路的情形，鞋就是躯体。莎士比亚让哈姆雷特摆脱了躯体，认为他当王子可以，称王则不行。

诗人认为哈姆雷特没有能力统治子民，他生存于一切事物之外，他要做得比"称王"要多许多，他是存在的，他的存在可以去掉家庭、国家、权力等，甚至可以成为无所事事的闲散之人，无论怎样，他都可怕得出奇，这是因为他身上既有人性的一面，同时也有神秘的成分。他的了不起并不妨碍他的冷嘲热讽。哈姆雷特拥有命运的双重性。

前文说过，有人认为莎士比亚的主要作品是《哈姆雷特》，其实莎士比亚真正的主要作品是他自己，而且对所有如此水平的才智之士都是这样。他们的庄严、他们的神圣都在于他们是一大片、是一整块，甚至是一个整体。

瞧！那无穷无尽的向着深沉的海水延伸的云彩下的海岬，它由无数个"山丘"组成，任何波涛起伏都不会因其大小而徒劳，蓝天被它雄伟的身影所映衬，尽可能地伸向波涛，拥抱着岩石，你之所以能走到无边无际的海水当中，行走于海风之中，尽情地、仔细地观看雄鹰展翅飞翔的壮观、观看"鬼怪"在海浪里肆意地游泳，都是因为有了海岬。从而将你的人道精神融入这永恒的浪潮中去，使你读懂了那无法读懂的东西。这是只有诗人才能为你提供的帮助。莎士比亚的确是天才。天才就是伸向无垠海水的一个海岬。

第三节 莎士比亚的巅峰之作

莎士比亚的作品还有三部可与《哈姆雷特》媲美，它们是三个在艺术上处于同一水平、气势宏伟的剧本：《麦克白》、《奥赛罗》和《李尔王》。

在莎士比亚构筑的艺术殿堂中，哈姆雷特、麦克白、奥赛罗和李尔王是四位高踞其中的人物。我们已经了解了哈姆雷特，如果说"麦克白就是野心"的话，那等于什么也没有说。要说麦克白是饥饿的话，那是饥饿什么呢？是吞食一切丑恶的渴望：这种丑恶固执的品性也许存在于人身上，使有些人的灵魂长着獠牙。所以，千万不要唤醒人类灵魂的这类饥饿。

夏娃引诱亚当咬了禁果，发生了很可怕的事，发生在他们身上的第一件事是生子；麦克白一旦咬了禁果，注定他要完蛋，他和妻子做的第一件事便是谋杀。贪欲易变为暴力，暴力易变为罪行，罪行易变为疯狂。这种过程在麦克白身上体现得淋漓尽致。

贪欲、罪行、疯狂是处在孤独中的三个吸血鬼，他们对麦克白咬了耳朵，并且请他登基。麦克白代表着狡诈与恐怖，他的妻子怂恿他完成了一件事。麦克白不能称为人，他是一种没有意识的精力，粗暴地向"恶"冲去，这就完蛋了。从此，在他看来，贪欲就是一切，再也没有任何法制观念。

麦克白扼杀了临时法律——君权，同时又扼杀了永恒的法律——善待客人，他甚至于无视法律的存在。被谋杀者在麦克白的手上血淋淋地倒下前，已经毫无生气地躺在自己的灵魂里。麦克白从弑父开始，后来弑君；他杀了邓肯这位来他家做客的苏格兰国王，这是多么可怕的罪！就在邓肯被杀的夜里，他的马重新变成了野马，当马迈出第一步时，灾难随即来临——雪崩来了，麦克白在滚动，他被雪崩推着滚，他摔倒了，越过一桩桩罪行，越落越低，在一种阴森可怕的重力作用下，物体浸透了灵魂，麦克白变成了破坏一切的物体。

他是废墟中的石头、是战争的火焰、是做诱饵的动物、是灾难。他走遍苏格兰，一路上烧杀抢掠——他杀了身边的人、他杀了贵族、杀了人民、杀了自己的祖国，以至于"杀了"睡眠。最后，当大灾祸降临时，森林走起路来，麦克白违背一切规矩、越过一切界限、破坏了一切、砸烂了一切，这种极端行为最后波及大自然本身，使大自然失去了耐心，产生并采取了反对麦克白的行为。当人变成了力量的时候，大自然却成了反对这种力量的灵魂。

《麦克白》这剧本，是具有史诗规模的文艺作品，人物麦克白是可怕饿鬼的典型代表，他在整个历史中游荡，他是绿林中的强盗，是王位上的征服者。麦克白之流、相信暴力的人是发狂了吗？公道地说，并不是这样，但他们是心存目标的，在此之后，目标一旦达到，他们就会住手。给他们什么呢？他们所要的是所有、是全世界，当他们的目标完全达到时，他们才会善罢甘休。

曾经有位名人说："给狮子吃点东西，它就和大自然讲和。"对于曾经威力不可一世、所向无敌的成吉思汗之辈来说，吃饱了就意味着拥有世界。他们在消化了人类的时候就会安静下来。而麦克白之流，是绝不会如此的。

至于莎士比亚笔下的另一典型奥赛罗，他有着巨大的宿命的形象，他代表黑夜，黑夜是爱恋白昼的。在奥赛罗的心目中，苔丝德蒙娜就是光明的象征、狂恋的对象。因此，他拥有了强烈的忌妒心。奥赛罗身材高大、体格健壮魁梧而且庄严。他比所有的人都高出一头，他勇敢、拥有显赫的战功，同时还有享乐、有旗帜和声誉。他有二十次胜利的光辉，他吉星高照，有黑人的血脉，而且是地道的黑人。这样的人，一旦忌妒心发作，英雄就会立刻变成魔鬼。这黑人变成魔鬼时，黑夜很快就向死神招手。

恶，是黑夜的另一种形式。奥赛罗代表黑夜，在他的身边还有埃古，埃古象征着"恶"。黑夜只是世界的夜晚；"恶"是灵魂的黑夜，谎言和背信弃义一样，是黑夜的一种形式。所以，他是那么的黑暗。奥赛罗的血管里流着黑如墨水一样的血，这使得他背信弃义、谎话连篇，只有接近过欺骗和假发誓的人才懂得这一点，搞阴谋诡计是将"虚伪"倾倒向黑暗，会使太阳黯然失色、甚至熄灭。虚伪的宗教不仅欺骗了信徒，曾使上帝也遭遇了如此待遇。

"陷阱"为"盲目"出谋划策，阴暗的人为黑夜做向导。埃古对奥赛罗轻声耳语："到这儿来吧！"埃古的怂恿使他逐渐走向滑坡，靠近深渊。忌妒的谎言为幌子，充当着"盲人"的带路犬，欺骗与谎言是亲密的伙伴，它配合着谎言、负责着黑夜所必需的照明。针对洁白和诚实，有黑人奥赛罗、叛逆者埃古，没有比他们更可怕的，这些残暴的黑暗势力彼此了解。黑暗的两个化身——怒吼、冷笑，策划了一条卑劣的手段，对光明采取了扼杀行为。

剖析奥赛罗就如探测深沉的事物。奥赛罗是黑夜，是黑夜就想杀人，他杀人的凶器是什么呢？不是毒药，不是棍棒，也不是屠刀和斧头，而是枕头。他杀害一个人，就设法让人安眠，这是为什么？他为何使用这种手段？就连莎士比亚本人也无法知道。创作者在塑造人物形象、刻画人物性格时也在不知不觉中，但是他必须服从自己的典型。奥赛罗，莎翁笔下多么强劲有力的典型啊！他的妻子苔丝德蒙娜就是被枕头闷死的，这个枕头既见证了象征他们爱情的初吻，又见证了奥赛罗魔鬼般的残暴和苔丝德蒙娜最后的一口气息。

有一个传说：一位罗马女孩，在牢房的深处给年迈的父亲哺乳。年轻的乳房贴近着雪白的胡须，没有比这更神圣的场面，这象征着孝顺。李尔王有个孝顺的女儿科第丽霞，她对父亲表现出伟大的母性。所以，有评论家说"李尔王是科第丽霞的'由头'"，这是多么深沉的主题啊！

作品是反映现实生活的，尤其是文学作品。莎士比亚一旦心里有了这个形象，他就会完成一部剧作。他想，将这构想放在什么时代呢？最后，他决定放在黑暗的世纪里。他设想是在公元前三千多年的古老时代，那古老的东西刚刚出现不久，在一个黑暗的群岛上，一个叫李尔王的国王统治着这里。当时，伟大的科学家、哲学家、军事家还未出生。如今的印第安人就像那时的英国人。

作者选择了如此晦暗的时刻，是因为昏沉的黑夜有利于梦想，创作者可以随意放进自己想要放进的东西，像李尔王、不根第公爵、奥本尼公爵、康瓦尔公爵、格罗斯伯爵等人物形象，在诗人心目中，除了神化的人物外，也有全人类的。传说和历史一样是科学，但角度不一样。大多数学者和教会人士认可传说。

所以，莎士比亚有权利相信李尔王，也有权利塑造出孝顺女儿的形象科第丽霞。有了这些前提，便设定场景，最后完成这部作品。这是他以前没有的"建筑"物，他选取了先暴政、后来成为弱主的李尔王，他塑造的这一形象，具有背叛、忠诚、忘恩负义的多重性格。他赋予这最后的丑怪两个头脑，即贡纳梨和吕甘。他写了父爱、君权，还写了封建制度、野心和疯狂。作品的各种情节和人物性格把科第丽霞推向悲剧的巅峰。

在《李尔王》这部作品中，有大教堂的圆塔，内部结构复杂、有各种陈设，在圆塔顶端放着一个生有金色翅膀的天使。在作品中，父亲是女儿的"借端"、"由头"，这值得赞叹的人类造物李尔王，所充当的是一种衬托，作家创造李尔王这个形象的目的是为了突出妙不可言的天国造物科第丽霞这一人物形象。作家创造这一大堆罪行、弊端、狂乱和灾难，就使德行的代表科第丽霞脱颖而出有了理由。莎士比亚的神奇构思如同一位神灵，在构思出朝霞之后，又有意创造了整整一个世界，以便让它有安身之处。

作者笔下的父亲李尔王是这样一个形象：首先是一个弯腰驼背的男人，他老人家身体虚弱，但负担一个比一个重，甚至超负荷。在他的肩上，先有整个帝国，后有忘恩负义，再有孤独寂寞和难言的痛苦，还有饥饿、干渴和疯狂，最后是要负担整个大自然。当云彩吹到他的头顶时、当森林影影绰绰地压在他的身上时、当飓风猛袭他的后颈时、当暴风雨让他的大衣变成青灰色时、当雨滴淋湿了他的肩头时，他驼着背、惘然若失地缓缓地向前行进，仿佛黑夜的双膝沉沉地压在他本来就佝偻着的背上。

此时的他不知所措，在暴风雨中发出悲壮的惨呼——"暴风雨啊，你为什么这样恨我？你为什么要迫害我？你们并非我女儿。"此时，微光熄灭了，理智失去勇气而走开了。啊！李尔王回到了童年时期！瞧，这老人成了孩童，他需要一位母亲。这时，他的女儿，唯一的女儿科第丽霞出现了，因为吕甘和贡纳梨已不再是他的女儿，只是弑父罪中的一些因素罢了。

戏剧在继续，科第丽霞走近他说道："你认识我吗，老爷？"李尔王答道："你是一个精灵，我知道。"这显出迷惘中最后的明智，作品的情节也随之起伏。此时，可歌可泣的哺育开始了。科第丽霞对这痛苦的灵魂开始哺育——当这个灵魂正在仇恨中虚脱的奄奄一息时，她用爱来哺育李尔王，使他勇气复至；她用尊敬哺育他，使他的微笑复现；她给他唤起希望，使他的信心重生；她晓之以智慧，使他的理智失而复得。这样，李尔王的身体日益好转，逐渐恢复了生机，他康复了，由孩童重新又变成了老人，他变得很幸福，他不再是可怜虫。

当剧情发展到光明再现的时刻，突然发生了转折，剧中出现了叛贼、出现了发伪誓者、出现了杀人犯，因此，科第丽霞死了。真令人痛心！老人李尔王十分吃惊，他不明白这是为什么！他抱着死去的女儿咽气了，他死了，他死在死去的女儿科第丽霞的身上，为自己免去了在她身后苟活的极大痛苦。如果李尔王活着，会成为可怜的影子，摸索荡然无存的空虚的心，寻找那被可爱的人带去的灵魂。啊，上帝！您为什么不让您爱的人活下去！

李尔王，如果在天使般的科第丽霞飞走之后而仍然存活的话，他会变成女儿留下的"孤儿"、充当看不到光明的眼睛、成为失去欢乐的悲惨的心灵、不时双手伸向黑暗、用尽全力地抓住曾在那里的亲人。然而，他不知她去哪了。只感到自己好像被遗忘的远行者，失去了在尘世中存在的理由。从此，只是一个在坟前游荡的灵魂，不被人接受、不被人欢迎，这样将是多么悲惨的命运和冷酷的现实！他，李尔王，是无法面对这些的。我们的诗人很理智地结束了这老人的生命。

莎士比亚，你做得实在太对了，因为你没有让悲剧继续下去。

第三章　莎士比亚的作品与评论

细心品读伟大作品的人，

时而感觉冷漠，时而热情激动，

在理解与迷茫之间游走，

忽冷忽热，这有时会让人感到不适，

却又为作品所感动。

只有那些非凡的天才，

才会给读者这种独特的感受。

他们的作品震惊大多数人，却使少数人慑服。

这少数人是读者中的精华。

经过世代的积累，积少成多，

最后组成了一个天才的群落。

第一节　莎士比亚作品的批评者

曾有位作者针对莎士比亚写道："庸俗的外行。"同时在其他地方，他还说道："为了讨好，贱民莎士比亚牺牲了一切。"

伏尔泰批评莎士比亚滥用"对偶"，但是当别人提到他自己的作品时他就大发雷霆，他写道："这群人简直是愚蠢之极！任何人的作品里，任何书籍里妙不可言之笔岂不就是形象和对偶吗？"然而，这话也击中了伏尔泰本人。他批评别人，别人也在批评他。他对《雅歌篇》是这样评论的："作品顺序凌乱无章，人物形象卑鄙恶劣，措辞粗俗不堪。"不公正的言行终究会伤及始作俑者自己的，这就是所谓的公道了。伏尔泰批评天才，他自己也遭到别人的批评。这似乎是一条规律，所有的天才都会遭到别人的批评。也许被人辱骂就说明你已经取得了一种成就吧！

有人根本无法理解埃斯库罗斯的《阿伽门农》三部曲。还有人无法理解他的《普罗米修斯》，认为埃斯库罗斯就是个疯子。在整个 18 世纪，人们都在嘲笑讽刺狄德罗。还有但丁、米开朗琪罗、塞万提斯、莫里哀、弥尔顿、莎士比亚这些天才们都曾遭到别人的批评。

本·琼森指责莎士比亚说话太啰唆，没有任何才智可言。但是怎样才能证明并不是这样子呢？书写的东西可以保留下来，说的话早已经消失了呀？他才不管这些呢，他只不过是为了达到否定别人的目的而已。对于万千的虽有点才智但并非天才的人物来说，否定了别人自己心里才会有些许的安慰。

有人用双关语批评高乃依为"被拔了毛的小嘴乌鸦"。在此之前，英国也有人称莎士比亚为"用我们的羽毛装饰的乌鸦"。1752 年，狄德罗出版了第一册《百科全书》。为此，他被教会关入了监狱。而狄德罗挨鞭子便成为当年最流行的一幅石印画。19世纪德国浪漫主义歌剧作家、作曲家韦伯虽早已辞世，但是在近三十年来还有人在抨击其代表作《欧良泰》。

怀疑一切、争论一切，甚至争论不可争论的，这其实并没有什么关系。抨击天才是对其极好的考验。这不会妨碍他们的才智的，就像"日食"的阴影并不会影响太阳的光辉一样。挥笔纸上，什么都可以写。去年有一卷严肃的专集说什么在西方古典文学上一直享有崇高的地位的荷马也要过时了。

除了对哲学家、艺术家或者诗人说长道短之外，还对其刻画一番，说什么拜伦曾杀了裁缝，莫里哀娶了自己的女儿，博马舍恶贯满盈，菲迪亚斯当过鸡头，苏格拉底做过贼，狄德罗过分地迷恋美女和音乐，伏尔泰是个小气鬼，弥尔顿是现实版的葛朗台等。这简直就是散布谣言，是在诽谤！暴君们可不能听信你们的老伙伴、老部下、老安慰者的谣言，否则你们就上了大当。

也许谩骂是当局用来统治的一种手段而已。以前政治迫害常常是以文学迫害为幌子展开的。在石印画狄德罗挨鞭子里面就有警察的参与。政府当局常常会搅和下层人物之间的彼此仇恨！其实，仇恨不需要贿赂，忌妒也不需要鼓励。但政府当局参与后总会得到好处。谩骂别人讨厌的人，这只是奉命行事而已，但上面的主子对此颇为满意！他们对主子言听计从，想抨击谁就抨击谁，这既能解心头之恨又能取悦他人，这岂不是非常开心的美事！从前政府当局都有专门的御用文人。针对那些持自由思想的人，当局除了施加酷刑之外，还利用文人来著作讽刺。于是文人和警察相互勾结，学究摇身一变成为狱吏，卑鄙者也变为高傲自大之人。

有人写过一本名叫《文坛的争吵》的书，大力抨击伏尔泰。当神甫问作者为什么要谩骂伏尔泰时，他说是因为这本书卖得很好。伏尔泰听说此言之后便讽刺地说道："这似乎是很公平的！无所事事之徒买下了那本书，而当局则买通了这位作者。于是该书卖得好也是理所当然的了。"

19世纪法院明令销毁了一份题目为《诽谤性小册子作者的价格表，以及专是谩骂的文人名单》的印刷品。它之所以被捣毁大概是因为其太露骨，泄露了所谓的秘密而已。

曾经有一位著名的女作家遭到了流放。在她给朋友的信中这样说道："这种流放其实就是一种迫害。你写了一本书，当局禁止谈论，因为你的名字印在报纸上让他们恐慌。但是如果有人要批判该书，肯定是没有人指责的。"

除了谩骂之外，这些可憎的文丐们，还给天才们挖掘了阴森恐怖的墓穴，欲置其于死地而后快。有些作家因为曾经有用反而招人嫌恶，首当其冲的就是伏尔泰和卢梭了。他们生前多次被迫流亡国外，死后连其尸首也得不到安宁。攻击这些天才们在当时可是光明正大的行为，其功劳要在"文学警察"的功劳簿上大肆宣扬的。例如，如果有人写小册子辱骂伏尔泰，那么他就会摇身一变成了法学博士，因为有当局的人为其打气、撑腰。于是有一大群卑鄙无耻之徒如蚊子一般嗡嗡地、无休无止地冲向这两位天才。

伏尔泰作为启蒙运动的领袖人物是最伟大的，因而也最被当局痛恨。他们用各种借口和由头来攻击他。说什么他与贵夫人艾米莉的关系亲密、他与普鲁士皇帝之间有一定瓜葛、他曾为《百科全书》撰稿以及让他进入法兰西学士院等。这说什么的都有，永无休战之日。更有甚者，有人在做游戏的时候也拿伏尔泰的名字做文章，谐音会意地对其进行侮辱。据说拿破仑也用手挖掉了伏尔泰名字的最后一个音节。

特别值得一提的是，在伏尔泰的周围有许多神甫，他们组成了一道"警戒线"，用警惕的眼睛监视着伏尔泰以防止其越雷池半步。就这样，年轻的伏尔泰因为抨击权贵而被投入了巴士底狱，让他饱尝了铁窗生涯的滋味；老年时又因写诗嘲讽权贵而被逐出巴黎，经历过长达 27 年的流放生活。

卢梭追求自由，无拘无束，因而像野狼一样被到处追猎。法国和瑞士都驱赶他，英国倒是好客，收留了他，但是却对其进行百般的嘲笑讽刺。后来，这两位天才相继辞世，但是对他们的侮辱却从来没有中断过。那些文丐们继续写小册子对他们进行谩骂，侮辱。

法国大革命来临了，他们被葬入了国葬墓地。20 世纪初，还有许多家长带着孩子们去参观这两座墓地。他们告诉孩子们：卢梭、伏尔泰就埋葬在这里。这在孩子幼小的心灵上留下了深刻的印象。他们看到的是两座并排的坟墓，墓碑是用临时漆成大理石模样的木材做成的，上面刻着"卢梭"、"伏尔泰"这两个名字。还有一支高举火把的手臂塑立在卢梭墓的上方。

路易十八复辟后，英国的斯图亚特王朝把克伦威尔的尸体从坟墓里挖出来；同样，波旁王朝也不甘落后，在其复辟后他们也是用同样的手段对待伏尔泰的。

1814 年 5 月的一天，一辆出租马车开出了国葬墓地，车夫受命从最偏僻的街道绕道而行。马车在巴黎市郊的一大片空地附近停了下来。从车上跳下来几个人，其中两个人抬着一个大口袋。几位穿着制服的神父早在下面等候。他们朝一个形状很像古井的很大很大的深洞走去，洞底铺了厚厚一层生石灰。据说那洞里堆的全是代表各种不同宗教及学术流派的人物。这伙人一言不发，而且也没有点火。这时天刚蒙蒙亮，他们借着这点微光打开了口袋。那里面装的是伏尔泰和卢梭的尸骨，是他们从国葬墓地里挖出来的。黑暗中这袋尸骨被倒入了深洞。

就这样，《哲学辞典》的作者和《社会契约论》的作者被胡乱地混在了一起，他们"和解"了。所有这些事做完之后，一个掘墓工人抓起铁铲，填满了那坑。其他的人还在坑上面踩了踩，以免有人看得出这地方近期动过土。然后，他们拿着空口袋，匆匆地离开了这里。

第二节　理解天才

细心品读伟大作品的人，时而感觉冷漠，时而热情激动，在理解与迷茫之间游走，忽冷忽热，这有时会让人感到不适，却又为作品所感动。只有那些非凡的天才，才会给读者这种独特的感受。他们的作品震惊大多数人，却使少数人慑服。这少数人是读者中的精华。经过世代的积累，积少成多，最后组成了一个天才的群落。他们是一批忠实的读者。

但是，还有一些读者、鉴赏家、评判家，他们是不满意的！天才是什么？是有才智之士。他们是埃斯库罗斯、以赛亚、但丁、莎士比亚。他们说到做到、充满激情、豪情万丈、好走极端；他们常常驾驭着思想的飞马跨越疆界、自行其是，从一个想法跃向另一个想法，从北极三步并作两步地跨越长空，跳到南极；他们不欣赏气喘吁吁，被风吹得摇摇摆摆；他们在跳跃深渊时信心十足；他们不服从官方的修辞学，对气喘吁吁的文人从不客气；他们不服从学士院的《保健守则》，宁可喜欢诗神的飞马吐出的白沫，也不欣赏蠢驴身上挤出的奶汁。

他们在艺术的高空展翅翱翔，使学究群为他们忧虑、吃惊以至于生气，吓得那些佣人们大喊：他们疯了！他们飞得太高了！埃斯库罗斯完蛋了！但丁要掉下来了！一个神灵飞走了，要跌断脖子了吗？

另外，这些天才有时会让人惊慌失措。不知道怎样和他们相处。他们有时激情澎湃，不受任何羁绊；有时又戛然而止；有时又郁郁寡欢，在悬崖边上驻足高峰，并且收下了羽翼，那是他们在思考问题。不管他们处于何种状态，总是让人感觉吃惊不已。他们一会儿翱翔，一会儿发掘，总是那样的大胆。他们是思考的巨人。他们的沉思需要"绝对"、需要"深不可测"来扩充自己，就像太阳一样光辉四射，周围的深渊是必不可少的环境。

他们所追求的理想令我们头晕目眩、无法理解。对他们而言，没有什么过高或者过低的东西。他们的一只眼如同望远镜，另一只又好像显微镜。他们熟悉地挖掘着无穷大和无穷小这两个相反的无底深渊。但是人们却不生他们的气，也不责备他们的所作所为。

如果纵容这种过分的行为会产生什么后果呢？他们在主题选择方面丝毫都不顾忌，敢于选择任何可怕或者任何悲惨的主题；对于那些令人担心或者害怕的思想，他们也会毫不留情地予以抨击。他们一旦确定目标就会不惜一切代价地去完成。他们认为伯约就是伤口上的一条虫而已；《神曲》就是一系列的酷刑；而《伊利昂记》则意味着战争和创伤。

让我们听听那些文人学士对荷马的评价吧！《伊利昂记》有四分之一的篇章都在歌颂阿喀琉斯是怎样的英勇善战，这有点过分了！他们认为荷马不懂得自律，而不懂得自律的人是写不出什么优秀的作品的。雅典、巴黎和荷兰的最高学府认为这些诗人是在煽动人心、搅拌、捣乱、干扰社会秩序、让一切原有的秩序发生翻天覆地的变化、让一切战栗，有时甚至打碎一些东西。这真是可怕呀！市民阶层也随声附和！文学和艺术方面整个"秩序党"也参与其中，这真是合乎逻辑呀！无名小卒竟然与天才们争论，这简直太荒谬了！

除了那些思想贫乏者之外，还有一些思想丰富的人，如尤维纳利斯、弥尔顿等人，他们是一批桀骜不驯、脾气暴躁的人，但他们在帮着那些傻瓜们。这引起大家的愤慨，于是嘲讽他们说"做得很好"！

啊，伟大的诗人！啊，弥尔顿和尤维纳利斯！你们坚持抵抗，延续无私的操行，你们认为将信仰和意志这两支炭火放在一起，会从中冒出熊熊的火焰。你们相信人权、相信解放、相信未来、相信进步、相信美、相信公正、相信伟大。实际上，你们早已落后了。你们最终的结局还是流亡，虽然是带着荣誉的流亡。你们这种英雄精神已与时代面貌完全不合。啊，诗人！你们相信权利和真理，你们想要永垂不朽，但是你们已经落伍了。

这些嘟嘟哝哝的天才们已经习惯了伟大，对于那些不再是伟大的东西他们一概看不起。这些老派、古罗马式的人物成了古董了，因为他们的荣辱观、礼节观以及功名观都早已过时了。法国的大革命已经过了75年，当代的人更愿意属于眼前的这个时代。

存在的还是应当存在，这是件好事。我们不想改变以往的任何东西。但是人应当保持独立，一代人没有必要重复上一代人。你们这些天才们，当初不是要我们解放吗？那很好！我们现在不模仿古人就是对自己的解放。如果你们不干了，要造反、要起义，那我们就起义反对自己的权利。当公民就得履行义务、享受权利，这很累人的！因为我们想好好地、无边际无原则地享受生活，但是每走一步都要受良知和真理的引导，这使人非常的劳累！我们要打碎义务这种锁链，把吃好喝好定为我们的人生目标，追求狂欢这种自由。人们应该对上述明智的说理方式表示赞同。

在有些时代，人们的思想很不一致，这很正常！但是在当时如果人们所崇尚的事件产生了不良的影响，现在看来就是很可笑的事了！让那些认为过去的人们比现在的人们享有更多的权利、正义和荣誉的人们去胡说八道吧！

官方和半官方的修辞学采取了许多措施来防范天才。说什么他们没有学究气但却不甘平庸；他们善于抒情润色作品；他们富有热情，竭力使其作品吸引人；他们做事较真，总表现出与他人格格不入的一面。总之，他们有诸如此类的多种毛病。最近，有一位医生发现天才其实是一种病，是一种疯病。如米开朗琪罗，他能在笔下调动巨人；伦勃朗，他创作的作品色彩明朗；但丁、拉伯雷和莎士比亚，他们做事都有点做过了头。他们留给人们的艺术作品总使人感觉浑身不自在。这是很令人讨厌的事！于是大家就联合起来反对他们。其中包括一些文艺小市民。修辞学担心天才身上的才华会感染其他人，于是极力鼓吹节制、克制。然而，青年学生应当明白，如果过分地听信这类评论，那就有些吹捧官方的意味。

卓越的天才们令人烦恼。最好离他们远一点。对此，我们表示赞同，也成全了这种"讨伐"，因为对他们的责备也有一定的真实性。我们完全可以理解这种愤怒。从某种意义上来说，强者、伟人和那些光辉灿烂者着实令人讨厌。他们的存在使人们感觉被超越、感觉低人一等，感觉被冒犯。

其实"美"是可以独立存在的，没必要骄傲。"美"能够吸引人们，同时让人感到屈辱。它就如同一只装满"骄傲"的瓶子，你只能假设它已经装满。"美妙"一词双关。"美"的缺点在于它总是过分地向"妙"挑战。任何事情都有两面性。例如，希腊神话中的大力士在向你招手的同时也会弄疼你；暴风雨在"淋湿"你的同时也将你完全淹没；星辰可以为你照明，但同时却照花了你的双眼，把你弄得眼花缭乱；尼罗河可以肥田，但同时也会泛滥损坏农田；任何事情都要节制，过犹不及！住在深渊里是很艰苦的事，但是如果房子太小选址不合适的话那也是无法住人的。如建在大瀑布上端的房子。与这些可怕的奇迹为伍，这也太难了！也许只有白痴或者天才才能天天见面而不至于被压倒。

曙光可以给我们温暖，但是如果你直视它的话，眼睛就会感觉很难受。因此，对天才有抱怨、有投诉、有愤怒、有防范、有批评家敷上的膏药、有学士院和教师们常用的"眼科疗法"、有向读者推荐的谨慎措施，还有针对天才放下来的重重的"窗帘"和种种"灯罩"等这一切就不足为奇了。天才竭力保持自己的本来面目，但在不知不觉中却变得过了火。与埃斯库罗斯、以西结和但丁这样的天才们是不可能达成亲密关系的。

"自我"本来是一种自私自利的权利。而这些天才们所做的第一件事就是扼制每一个人身上的"自我"。他们在许多方面都做得很过分，包括在思想上、形象上、信念上、激情上、情欲上、信仰上。他们妨碍人们那"自我"的任何方面。他们智慧超群，想象力丰富，对你的良知产生怀疑；弄得你浑身不太自在；使你心灵破碎，丧失了灵魂。

在你面前他们的形象时刻发生着变化，这对你的视力是一种折磨。对你来说每时每刻都是一种意外，因为你和他们在一起时，你将永远也不知道自己身在何处。你期待凡人，而他们是巨人；你期待思想，而他们是理想；你期待雄鹰，而他们却是天使。但是他们并不是超出了大自然，超出了人类。其实不然。大自然和人类就体现在他们身上。他们是超越一般常人的人。就像约伯所说他也是母亲所生。他们是凡人！如果与你们相比的话更是凡人了。你们只拥有局部的地方，而他们却拥有全部、他们心胸开阔，心中装着全人类；他们比你们自己更了解你们；在他们的作品中你可以找到自己的影子。这让你们惊恐！让你们最感觉恐怖的是他们除了拥有大自然、全人类，全面地了解你们之外，他们对于未知的世界有着自己的预见。他们常会在你们意想不到的时候给人类带来曙光。因此，人们不太愿意与他们亲热，更不想与他们为伍了。

有人认为，伟大的才智之士是受过良好的灵魂教化的，没有受到良好的灵魂教化的人，请离他们远点。巨人的书是写给运动员的，没有强壮的身体是无法阅读以西结、约伯、品达、卢克莱修以及但丁和莎士比亚的作品。那些小市民的习俗、务实的生活、良心平庸的宁静及"良好的趣味"和"情理"，乃至整个平静而格局狭小的自我世界，都被这些高尚的怪物们扰乱了，这我们不得不承认。

然而，只要你深入了解他们，仔细阅读了他们的灵魂，你就会发现，每时每刻，没有任何东西会比这些严厉的人物更接近你的灵魂。你会觉得他们突然变得非常温和、亲切，更让你意想不到的是他们对你们说"请进来"。他们这种天使般的博爱精神会使你觉得宾至如归，亲切、忧伤而又善解人情。你会感到自如，如身临其境。同时，你会发现他们的坚强和骄傲包含着深刻的同情。

天才如优质的花岗岩，明亮、善良，而且具有极强的力量和伟大的爱。他们也会跪着祈祷，并且清楚地知道"上帝存在"的道理。请将你们的耳朵贴在这些巨人身上吧！去听听他们怦怦心跳的声音，那会帮助你们走向健康、走出苦难，会使你们感受到苍天是需要柔情的。强者的善意，强者的激情，有时会变成地动山摇，有时会变得温柔而诚挚，善变得像摆动的摇篮。他们的小心关照会在你身上促成某种事物，因为他们身上存在着母性的特点。继续下去，新的奇迹出现了——他们变得如黎明的曙光，美丽绰约、多姿多彩。

就像高山上的各种气候一样，伟大的诗人有着种种不同的文风格调，诗人内心的热情与外界的寒冷相协调——只要变化一下气候区即可：往上，是暴风骤雪；往下，则是百花怒放。诗人能让冰川化为火山口，使熔岩尽情喷射。

两极的事物相互碰撞是大自然中的常事，艺术的"崇高"往往会产生戏剧性的变化。一位天才就像一座山，那是苦难中的庄严。只有如此的庞然大物才能引起教徒虔诚的敬畏心情。伟大的诗人但丁有着意大利埃特纳火山一样的险峻，而莎士比亚则有着山谷般的深邃。

诗人的高峰与山脉的高峰一样布满云雾，随时可以听见隆隆的雷声，山谷、峡谷、幽静的暗处、两峰之间，到处有小溪、有飞鸟、有鸟巢、有树叶，处处有繁花似锦的植物，有引人入胜之地。你可曾知道，在北冰洋当中就有一处称为"花园"的似天堂般的绝境？大自然实在是了不起，炎热的太阳、温和清新的阴影、暗香浮动的草地处处皆是，即使在深渊之间也竟有如此的美景胜地，竟有如此的明媚春光！难道还有比这更绝妙的吗？

这就是诗人之所以为诗人、阿尔卑斯山之所以为阿尔卑斯山一样，是因为他们的美轮美奂与绝妙。正如那些广漠中的古老山川，即使在最荒凉的角落里，掩藏着自己可爱的小小春景，不免引得一群群蜂蝶来造访。

第四章　品读莎士比亚

面对一座大山，

我们接受他，或者置之不理。

有人一粒石子、一粒石子地品评喜马拉雅山；

埃特纳火山迸发出火光，熔岩四溅，

喷射出光芒、愤怒、流体和灰烬。

有人一小撮、一小撮地来称量这些灰烬。

与此同时，天才的创作依然喷薄而出。

天才有其存在的理由，

他之所以这样，是因为本来如此。

他的影子正是他

光彩照人背后的另一个侧面。

第一节　莎士比亚作品的主要特点

在莎士比亚的 36 个剧本中，除了《麦克白》和《罗密欧与朱丽叶》之外，所有的剧本都展现了一个特点：那就是在戏剧当中有双重情节，一条主线和一条副线，副线是对主线的次要反映。

　　如在巨作《暴风雨》中，暴风雨一方面指的是大西洋上的暴风雨，也指的是杯水中的"暴风雨"。在《哈姆雷特》中，在哈姆雷特之外还有另一个哈姆雷特式的人物，要为之报仇的是两位父亲，存在着两个鬼魂。同样，在《李尔王》中也有两组人物：李尔王的两类女儿——孝顺与不孝。还有另一个人物葛罗斯特的两个儿子也是这种情况。这样就出现了所谓的"戏中戏"。

　　次要的思想反映主题思想；较小的剧情模仿主要的剧情；次要情节反映主要的情节。于是统一的事物被分成了两半。除少数的评论家之外，迄今为止最权威的评论家也没有注意到这一点，但他们却对此种写作风格给予了严厉的批评。我们既不赞同这一批评，也不赞同并接受这双重的情节。不过我们早就注意到了莎士比亚的巨作具有这样的特点，仅此而已。

　　在 1827 年发表的剧作《〈克伦威尔〉序言》中，我们就指出莎士比亚的剧情是诗人所固有的剧情。它附着在他身上，就是他自己。因此，莎士比亚具有独特的个性特征，莎士比亚属于"特异体质"。只有莎士比亚才会在剧作中创造双重情节。不管是埃斯库罗斯还是莫里哀，他们都不会接受双重情节，我们也一样。

　　每个时代都有自己神秘的特点。如果善于辨别、善于观察，我们就可以看出各个世纪都在自己的杰作上签了自己的名字，都有自己独特的特点。而这双重情节就是 16 世纪的特点，它与 18 世纪是完全不一样的一个时代。当时正处于文艺复兴时期，它是一个微妙的时代，一个令人思考的时代。16 世纪的精神就在于它具有多重镜面。只要认真、仔细地观察教堂中的祭祀长廊，就会发现一切文艺复兴的思想都有双层次。在祭廊里通过美妙而奇特的艺术以《新约》反映《旧约》。祭廊里处处是双重情节，如象征物重复人物的姿势。《圣经》里的故事也常通过双重情节来重复叙述。

在 16 世纪，人们着意追求伟大、深刻、辉煌的艺术作品，而创作出独特的"副本"就是其习惯之一。圣·克利斯朵夫的绘画和雕像也反映出了类似的问题。这位被害的善良巨人曾重复三次出现。因此，双重反映、三重反映就是 16 世纪的特征。莎士比亚始终是忠于他们那个时代的精神。在《哈姆雷特》和《李尔王》中他都设计了双重情节。在前者中他设计的双重报父仇；而后者中的"双重"的可怜的父亲，后者中的两个主要人物都看不见"光明"：李尔王成了疯子，葛罗斯特变为瞎子。

这到底是怎么回事？难道对此就没有批评和指责吗？其实也不是这样的！对此我们早已经做过明确的解释。天才就像大自然一样是一个整体，也像大自然一样，要求我们简单地、干脆地去接受他们。

面对一座大山，我们接受它，或者置之不理。有人一粒石子、一粒石子地品评喜马拉雅山；埃特纳火山迸发出火光，熔岩四溅，喷射出光芒、愤怒、流体和灰烬。有人一小撮、一小撮地来称量这些灰烬。与此同时，天才的创作依然喷薄而出。天才有其存在的理由，他之所以这样，是因为本来如此。他的影子正是他光彩照人背后的另一个侧面。

他的"氤氲"来自他的火光，他的深渊体现出他高峰生存的环境。不管我们喜欢与否，在他们那里我们可以感觉到上帝的存在，我们无话可说。我们只管置身于大森林之中，树木的曲直、生命的汁液、树根的"业务"，我们不去理会，只要简单地接受就好了。这样我们就可以与那些优秀的、温厚的、出色的东西融洽相处了。对于所有的杰作，我们表示赞同、表示接受。如果这作品能给人美感，我们就绝不会去批评、去指责别人的杰作，就像我们不去批评孔雀的腿脚、天鹅的悲鸣、夜莺的羽毛、蝴蝶的幼虫、玫瑰的针刺、狮子的膻味、大象的厚皮、瀑布的喋喋不休、橘子的核粒、银河的静止不动、海洋的苦涩味、太阳的斑点、人类新始祖的赤条精光一样。

如果有人说"荷马过于天真、但丁十分稚气"，他自己就会觉得很舒服。这我完全同意，并且会发出由衷的微笑。对于这些可怜的天才，为什么不可以压低一点呢？如果哪位神甫说："弥尔顿是个小学生。"这是多么令人愉快的事啊！要是有人觉得莎士比亚没有才智，那么他自己该是多么的才智丰沛呀！也许他们过去、现在和将来都是学士院的院士。如果有"法令"宣布："所有这些伟大人物都是荒唐、趣味低俗及幼稚可笑的！"那将是多么的了不起呀！这正好迎合了那些人的意愿——那些想象自己是伟大的人，因而宣告"这伟人是渺小的"。人人都有办法沽名钓誉。至于我自己，就像没有见过世面的野蛮人一样，对天才的一切都予以称赞。

这是我写这本书的宗旨所在。我觉得在当今这个世界上，我就应当率先垂范，甘愿当"傻瓜"，怀着满腔的热情去赞赏天才。

我赞赏天才，诸如埃斯库罗斯、尤维纳利斯和但丁，对于他们我从来不会求全责备，更别说做出任何批评了。对于那些你们认为是缺点的，我倒觉得应该看作是长处。于是我便怀着感激的心情欣然接受，作为人类的瑰宝而继承下来。如果有人送我一匹诗人的飞马，我是会很乐意地去接受，绝不会吹毛求疵地去琢磨缰绳的优劣好坏。一部杰作就如同一位好客的主人一样，我会很虔诚地摘帽入室，从不会过分地去擅自评价其相貌如何，相反觉得主人的脸长得很美。我赞赏威廉·莎士比亚，我接受他的一切，包括他的作品人物、作品内容、写作手法等。比如我接受福尔斯太夫。我赞赏《麦克白》中的大屠杀，欣赏那些女巫，那"黑夜的屁股"；我还赞赏《哈姆雷特》中的双关语。他的这一切方面都远远地超过了我的才智。

最近，有好几位杰出的作家和批评家，其中包括我的一位有名气的好朋友，他们都称我是"傻瓜"。对于这一称号我深感荣幸，于是决定决不辜负了这一称号。对于莎士比亚所说的话我们一定要认真研究，直到最后一个细节。

我们早已提到埃斯库罗斯和莎士比亚之间的唯一的联系，并不是奥瑞斯忒斯这位哈姆雷特的悲惨先行者。人们是不易觉察出《普罗米修斯》和《哈姆雷特》之间的关系的。就连许多观察家和评论家都没有注意到，埃斯库罗斯和莎士比亚的共同点其实就体现在一个细节上。像所有传奇式的人物如所罗门、恺撒、查理曼、贞德、拿破仑一样，普罗米修斯在历史和民间的传说中有双重的延伸。

根据希腊神话传说，普罗米修斯不但创造了人，还创造了精灵，童话中的一系列精灵就是他的后代。正是这富有深刻含意的童话将宏观与微观、无穷大与无穷小连接在一起了。莎士比亚笔下的仙女竟然是高加索山上巨人的后裔。他的《仲夏夜之梦》中的人物提坦尼娅的名字竟源自巨人提坦。因此，我们可以这样断言：莎士比亚来源于埃斯库罗斯。就这样，莎士比亚与埃斯库罗斯有了一定的关联。

第二节　莎士比亚作品的影响

在我们看来，那位当代的伟人、著名的历史学家、演说家、过去曾充任过莎士比亚的作品的译者，做错了一件事情：他对莎士比亚未能有力地影响 19 世纪的戏剧而深表遗憾。对此，我们持截然相反的看法。其实，任何一种影响都只会损害当代文学运动的特性，莎士比亚也不例外。那位可敬的作家提议说："莎士比亚的体制可以为今后的天才们提供可以依据的写作大纲。"我们完全不同意这种看法，早在四十年前发表的论文《〈克伦威尔〉序言》中，我们就已经明确地提出了我们的见解。

在此我们再次郑重地指出：莎士比亚是一位天才，而不是一种体制。莎士比亚已经做的，就已一劳永逸地做完了。我们没有必要再回到起点。对此，你可以表示赞赏，也可以给予批评，但是没有必要再重来一遍。

不久前去世的一位杰出的评论家再次强调了这种指责，他认为："人们恢复了莎士比亚但并不仿效他。浪漫派一点也没有模仿莎士比亚实在是一种过错。"人们因此而责备浪漫派，而我们却称赞浪漫派。其实，这正是浪漫派的功劳之所在。现代戏剧就如现状那样，但他不属于任何"体制"，它有自己的规律、有自己赖以生存的生命，它就是它自己。

一个世纪，一种艺术。莎士比亚的戏剧属于 16 世纪，它既不可延长也不可重写。它表现了 16 世纪这个特定时刻的人。人虽早已消逝，但是戏却保留了下来，而且生命、心灵以及世界是其永恒的背景。

当代戏剧既没有模仿莎士比亚，也没有模仿埃斯库罗斯。这当然有多方面的原因，仅仅对于那些想模仿、想照抄的人来说，要在这两个诗人之间做出抉择也绝非易事！然而，从埃斯库罗斯和莎士比亚的身上可以证明这一点：相反的东西是可赞可叹的。他们双方的起点是完全不一样的，甚至是完全相反的，可以说是南辕北辙。

埃斯库罗斯喜欢集中，而莎士比亚则主张分散。你可以选择前者，因为他的作品主题集中，是完整的统一；也可以选择支持后者，因为他的作品涉及的面比较广泛、全面，可以说是包罗万象。总之，埃斯库罗斯和莎士比亚两人的总和就代表了上帝。而且，他们的智慧永远是全面的，在埃斯库罗斯的戏中，你可以感到自由的情欲；而在莎士比亚的剧本里你感受到的却是聚集的生命之光。埃斯库罗斯是从统一出发而达到多样；莎士比亚则完全相反，即从多样出发而达到统一。

如果对其剧作《哈姆雷特》与《奥瑞斯忒斯》进行对比的话，你就会很容易地发现这一特点的。《哈姆雷特》和《奥瑞斯忒斯》就像奇特的双面纸一样，其实都是对同一思想的反应，只不过是正反两个方面而已。仿佛这两部作品写来就是为了证明这样的事实：不同的天才即便是做同一件事情，但实际上给别人的感觉就是他们在做两件完全不同的事情。

这点很容易理解：当代戏剧另辟蹊径，开创了一条完全属于自己的独特的道路。这是一条不同于埃斯库罗斯式的戏剧之路，也不同于莎士比亚式的戏剧之路，而是一条介于他们双方之间的道路。

在重新谈论这一点之前，暂不考虑现代艺术的问题，让我们先谈谈总体的观点吧！模仿别人是一种劣质的、徒劳的且没有任何意义的工作。至于我们正在谈论的诗人莎士比亚，别人就更无法仿效了。原因很简单，因为莎士比亚是一位天才，一位顶级的天才。他除了具有真正的天才所具有的普遍性的特点之外，还具有独特的个性，是一位独具特色和个性的才智之士。诗人总是从其自身出发，最终却来到了我们的身边。

让我们来研究一下莎士比亚吧！让我们来看看他是以何等的决心来保持自己的特色的！莎士比亚绝不是那种自私自利的人，但却总是一意孤行，不向权贵折腰，不会从自身出发做出任何让步。他在其作品的限度之内，向艺术发号施令。然而，任何一种艺术形式包括埃斯库罗斯的艺术、亚里斯多芬的艺术、普劳图斯的艺术、马基雅维利的艺术、卡尔德隆的艺术、莫里哀的艺术、博马舍的艺术等都经历了每一位天才的特定的生活，他们的艺术都打上了自身独特的生活烙印，所以他们是绝不会服从莎士比亚的统率的。这种艺术是平等的，是自由的。换句话说，这种艺术是平等者的领域、是自由人的场所。

莎士比亚之所以是伟大的剧作家，那是因为他不可能充当样板让别人来仿效。他的作品都是从自身出发的。只要你打开他的任何一部作品，你就会了解他的独特性，即每一部剧本都首先并且始终是莎士比亚。比如，《特洛埃勒斯和克蕾雪达》，这是一部具有独特的个性特色的作品。在此方面，没有任何作品能与其相比的，那是喜剧式的特洛伊城；还有《无事生非》，分明是一部悲剧，但其结局却令人大笑不止；《冬天的故事》就更不用说了，那是一种田园诗式的戏剧。

在其作品中，莎士比亚"鞭挞"权贵、讽刺暴政，他是那样地挥洒自如、如鱼得水，具有丰富的想象力。作品中还透露出那种梦想的意志、那种令人头晕目眩的决心以及那种在犹豫踌躇之中存在的绝对主义。

在他的少数几个剧本中，甚至出现了梦幻的现象，其中的人物早已经变形，与其说是像人更不如说像雾。比如在作品《一报还一报》中描述的那个暴君，就如云雾一般缥缈，并且化整为零，最后消失。还有，其中的野蛮人居然可以变得讲道理。《冬天的故事》里的里昂提斯就如同奥赛罗一样的浪掷浮生；在《暴风雨》中，米兰公爵有一位"好儿子"，这就像梦幻里的梦一样；在《辛白林》中处处都是梦幻，其中的阿埃基摩最后"融化"了，并没有如你想象的那样变成埃古；另外，其中的白痴突然变得富有才智；当一位西西里国王忌妒波西米亚国王时，波西米亚突然间就有了海岸。

在那里，牧羊人收养孩童。其实，在这里，这是诗人的意志在梦游；而在其他的地方，却是他自己在沉思冥想。更加透彻地说，在他梦游时，也在沉思，尽管深邃的方式不同，但其程度是一样的！

就让这些天才拥有其自己的特色吧！他们都是文明的使者。然而，在他们身上，也存在这一些粗野的东西。在他们的喜剧中、闹剧中、欢乐中、微笑中，总是存在着一些未知的东西。比如，艺术的神圣恐怖、想象与现实交融而产生的有力的惊骇等。每位天才都有自己特定的生活，有其独特的写作风格，他们彼此熟知对方特点，但却保持其固有的风格而彼此之间不抄袭。就如同动物界中的河马是不会去模仿大象的叫声一样；而在雄狮群中，也不会有谁像猴子那样去做一些模仿的动作。

一天，在圣赫勒拿岛，一位随从对被放逐的拿破仑说，要是他像拿破仑一样做过普鲁士的国王，那他一定会从波茨坦的坟墓里取出腓特烈大帝的宝剑，并将它挂在自己的身上。而拿破仑却答道："蠢材！我有我自己的剑！"

如前所述，莎士比亚具有独特的个性，他不可能充当样板，别人永远是无法仿效他。因此，他的作品是绝对的、权威的、孤立的、与世长存的。

如果有人照抄 17 世纪法国古典主义悲剧作家拉辛的作品的话，那他一定愚蠢至极；同样的道理，如果有人想要模仿莎士比亚，那一定会令他发疯，因为莎翁的作品是绝对无法复制的。

你知道"庸俗的外行"这个形容词的含义吗？这是一个各方常用的词语。这里我们很有必要先弄清此词的含义。"庸俗的外行"原本是出自一位诗人的话语，但是经过学究们的有意强调，此词的含义就大不一样了。那么，什么是"庸俗的外行"呢？学校和我们对此问题的回答截然相反。学校认为"庸俗的外行"指的是平民，而我们认为它指的是学校。

"学校"原本指的是一种古老的、广泛存在的社会组织。它始于人类知识及其传播的专门化要求，是有计划、有组织、有系统地进行教育教学活动的场所。而我们这里所谈及的"学校"与前面所论述的"学校"在定义方面则完全不同。这里所说的学校，是学究气息的总和；是预算的"文学余额"，是知识界的官僚，而这些人物在各类官方的或者权威的教学中占统治地位。

比如在新闻界、在国家进行教育的领域，他们刊登一些经过警察局审核同意连载的剧本，还出售那些符合"标准"的所谓的《人物传记》和《百科全书》等。有时他们甚至还请一些共和的人士来凭空捏造一些故事。当然，这一切必须是对当权者有益才行。学校还可以定义为"由官方人士开发的、冒充开明的封建制度的、古典的和学院式的正统文化的总和"。

简而言之，学校就是低级观点和低下灵魂的全部信念。具体包括：教学专家的全部学问、史官笔下的全部历史、获奖诗人的全部诗作、诡辩论者的全部哲学、官僚的全部评论、假虔诚者的全部宗教、假惺惺者的全部羞耻心、附和官方者的全部形而上学、工薪收入者的全部正义感、卑微的年轻人的全部老年、廷臣们的全部溜须拍马、仆人们的全部独立性。

学校看见莎士比亚频频出入十字街头，嘴里说着平民们易懂的通俗的语言，并且还会向那些偶然碰到的人打招呼；而那些平民们、那些从劳动中归来的人们见到他的时候都向他欢呼、向他鼓掌欢迎。显然，平民都愿意接近他、接受他。这使得学校狂怒不已，他们恨透了莎士比亚。况且，莎士比亚的戏就是为平民们所做，就是代表平民的利益。

因此，在一些自由自在的诗歌中，他们煽动性地称平民们为"可恶的庸俗外行"，并且写道："《哈姆雷特》的作者'为了贱民而牺牲了一切'。"

他们说对了，诗人就是为了那些平民而牺牲了一切，这也就是莎士比亚的最伟大之处。

对于那些在阳光照耀下的、在乐队吹打声中，站在最前列的人物；对于那些有穿着金光闪闪的、有佩剑的护卫队在后面保护的有权有势的人物，莎士比亚根本不放在眼里，压根就没有看见他们，有时即便是看见了也是不屑一顾的。他俯首仰望，眼中看到的只有上帝；而低垂眼帘看见的则只有人民。

他们是怎样的人们呀？他们是命运注定的群众；他们是衣衫褴褛、无知识的可敬平民；他们是人类苦难之集大成者；他们沉浸在黑夜之中，在阴暗的深处，几乎没有人看见他们。他们人头攒动，就像黑夜里的海浪，模糊而此起彼伏，如一群乱糟糟的灵魂，无所适从。尽管如此，他们虽然处在海洋的底层，也会引起为时不久的动荡，留下绝望和惊骇。这厚重之物，便是黑夜的深沉与阴暗，在它后面什么也看不清，就像穷人的海洋中滚动得黑乎乎的波涛一样。

那些沉默无言的被压迫者，他们什么也不知道，什么也不能为；他们不要求什么，不思考什么；他们向来逆来顺受，饥寒交迫，透过千疮百孔的破衣服可以看见他们腐烂的肌肤。这些褴褛甚至破烂不堪的衣衫是上层的官僚制造的，是这些可恶的达官贵人使童贞女赤身裸体，这不同于宫女们以裸体取悦达官贵人。正是平民女儿的衣衫绞出了达官贵人的珍珠，正是下层平民的饥饿染成了凡尔赛的金碧辉煌。所有这活着却又正在死亡的阴影在蠕动，幼虫似的却处在奄奄一息中，母亲没了奶，父亲失了业，就如大脑失去了智慧。此刻如果有一本书，那就像水罐，他献给干渴头脑的只是淡而无味的肮脏的水。悲惨的平民啊，悲惨的下层阶级！

瞧！一群群孩子面色苍白，有的正奄奄一息，有的在地上爬行，社会却没有力气去爱他们。也许正当他们屈膝忍受时，如果懂一点"权利"的话，从不幸的呼吸声中迸出模糊的声音，但这声音音节分明，好像从黑暗中传来的口号："未来、人道、自由、平等、进步！"

这声音只有诗人在倾听，他听见了；这情景，只有诗人在凝视，他看见了；他俯首向下，他已是泪流满面。突然间，他奇异地壮大了胆，从这些黑暗中汲取了一种神奇的力量，他目光令人生畏却又含情脉脉地挺立在这些受苦受难者的上方，两眼光芒四射，温情地看着他们。

他在声讨，他在大喊大叫——这就是后果！这就是起因！他大声地告诉受苦受难者，救病的药便是智慧。他就像一只盛满人道汁液的巨瓮，只要从云端里伸出手来摇摇他，就会有灼热的炭火、滋润的甘露赐给被压迫者。这会让压迫者觉得不妥，但我们会觉得很好。当大家伙受苦受难时，有人站出来为他们说话，这才是天公地道。

享乐的无知者和受罪的无知者一样需要教化。博爱的法律来自劳动的法律，相互残杀的时代已经过去，彼此相爱的时刻已经来临。诗人的作用就是宣布这些真理。所以，诗人有时是平民，有时是贱民。换句话说，诗人在带来进步。无论这事实如何畸形，他从不回避，更不篡改。他把现实与理想的差距用不同的方式衡量，他勇于同嘻嘻哈哈的人群接近，努力熟悉平民的比喻，设法投身于这些欢乐的流放者的生活中与他们共同生活，这就是诗人的首要责任。他们必须体验生活，因为艺术源于生活。

因此，在古希腊诗人的作品中能闻到雅典香草的气味，在莎士比亚的作品中能感受到伦敦水手的存在。

啊！诗人！为"贱民"做出牺牲！诗人为不幸者、为被剥削者、为战败者、为流浪者、为赤足者、为饥饿者、为被抛弃者等这些绝望的人们，牺牲的不仅仅是自己的时间、财产、欢乐，甚至是自己的祖国、自由和生命！贱民，是人民痛苦的起点，是黑暗势力的受害者。为了这些受苦难的卑贱人民，诗人要牺牲自己，接受被驱逐、被流放的命运，像他们的先辈伏尔泰、但丁、尤维纳利斯、塔西陀、埃斯库罗斯……为他们牺牲、遭受被赶走、被流放，他们为贱民流出了比黄金更高贵的血，禁锢了比血更高贵的思想，牺牲了比思想更高贵的爱。为他们牺牲一切，唯有正义要存留。

所以，请向他们伸出耳朵、伸出双手、伸出胳膊，甚至向他们掏出自己的心，去矫正他们、唤醒他们、教育他们、引导他们、感化他们。让他们成为正直的人，使他们懂得真理、悟及理智；教他们明白德行、忠诚、宽厚、博大。为代表赤贫的穷人们拨亮脑筋、鼓动心灵、克制自私、做出表率，让你的书完全打开。

你要刻苦自励，你是他们最大的渴求，他们需要你。请教化他们吧！照亮他们吧！学习是第一步，生活是第二步。诗人，请听命于他们，请光明留步，因为在这黑暗的大地上，在这默默无闻的一生中，在这通往彼岸的短暂过渡中，这样做是美好的——让权利有力量可以行使，让领路者有勇气前进，让荣誉存在于头脑，让责任如暴君一样约束人类的良知，让自由如女王一样统领文明的社会，让智慧做无知的随身女仆！

第五章　天才的作用与影响

文学是人类社会共同的需求，

诗歌是灵魂执着的追求，

诗人就是人民最重要的教育者。

所以，法国人翻译莎士比亚的作品，

所以，英国人翻译莫里哀的作品，

并给它们加以评论和注释；

所以，要有广泛的公共文化事业；

要翻译、评注、出版、印刷、重印、制版、拓印、

发行、出售、解释、背诵、传播并普及，

或只售成本、甚至免费赠送。

所有哲学家、思想家和缔造伟大灵魂者的作品，

都应当这样被保留与传播。

第一节　文学与文明的发展

这 80 年以来，人类完成了许多令人难忘的功绩。马路上堆

满了大量的各色拆除物，然而，还有大量的工作需要完成。与那些等待要做的事情相比，已做的工作实在是微不足道的。破坏旧世界其实是一件非常辛苦的工作，而建设新世界是人们值得为之努力的事业。进步就如同一个人的两只手一样，左手在破坏，而右手却在缔造。换句话说，进步意味着要通过强大的力量来破坏，同时要通过聪明才智去缔造。

由于前辈的努力奋斗，迄今为止已经完成了许多有积极意义的破坏。整个碍脚绊手的旧式的文明已被打倒在地，并且已被扫清。这非常好！现在要进行的事情就是缔造。因此，那些富有才智的天才们，请都站立起来吧！请动手干活，并做到不辞辛苦、克尽己责吧！

但是在行动之前，必须弄清楚三个问题，那就是：缔造什么？在哪里缔造？怎样缔造？这三个问题的答案很简单。我们可以用一句话来概括，即：通过智慧在进步中来缔造人民。

当务之急就是要多做人民的工作。有一点需要立刻指出：人的灵魂不但需要务实，而且更需要理想。要想存活就得靠务实，而要生存就得靠理想。那么，存活和生存有差别吗？有！动物要存活，而人类则要生存。生存意味着要理解；意味着不管现实生活怎样都要微笑着面对，要能越过困难遥望未来。而存在就是分清善恶，就是讲求公道，就是追求真理，就是要理智、忠诚、实心实意，就是要真诚、善良，就是要牢记权利和义务，就是知道自己想做什么、能做什么以及应该做什么，就是自觉……

文学缔造文明、诗歌孕育理想。文学是人类社会共同的需求，诗歌是灵魂执着的追求，诗人就是人民最重要的教育者。所以，法国人翻译莎士比亚的作品；所以，英国人翻译莫里哀的作品，并给它们加以评论和注释；所以，要有广泛的公共文化事业；要翻译、评注、出版、印刷、重印、制版、拓印、发行、出售、解释、背诵、传播并普及，或只售成本、甚至免费赠送。所有哲学家、思想家和缔造伟大灵魂者的作品，都应当这样被保留与传播。

诗歌中会焕发出英雄精神。难怪有一天有个熟人听见一位思想守旧、但独具特色的智者朋友这样评价古罗马奴隶大起义的领袖斯巴达克斯，说："斯巴达克斯是一位诗人。"

先知以西结也曾经写过这样的话："一个声音对我说：'用你的手掌抓一大把木炭，趁红彤彤时撒向全城。'又说：'思想渗透到他们身上，思想到哪里他们也到哪里。'还说：'向我伸过来一只手。它拿着一卷东西，是一本书。'那声音对我说：'吃下这一卷纸。'我张开嘴，吃下了书。那书在我嘴里像蜜一样甜美。"这段话含义深刻，独具风格。吃下书，这是一个形象的比喻，但却包含了不断完善的全部思想：理解高层次的科学方面的书籍以及低层次的教育的书籍。

我们前面早已说过："文学造就文明。"对此，您不该有任何怀疑。因为打开任何一本统计资料都可以证明这一点。我们手头就有这样一本书，其中记载了 1862 年关在土伦的 3010 名犯人的情况。在这 3010 名苦役犯中，40 名能认识几个字、稍微强于文盲，287 名会读会写，904 名读写能力都很差，1779 名压根就什么都不会读写。在这一群人当中，各个手工劳动行业都有代表；而且越是繁重的智力行业人数就越少，其中有 4 名金匠，3 名教会人员，2 名公证人，1 名演员，1 名音乐艺术家，而作为才智之士的作家连一名都没有。

近 40 年来，社会主义者在全心全意地干一项意义深远的工作，那就是：将群氓变为人民。本书的作者，作为资历最深的社会主义者之一当然也加入了他们的行列。

1828 年，他著有中篇小说《死秋末日记》，其中呼吁废除死刑；1834 年又著有《克洛德·葛》，因此，他也成为受迫害的哲学家之一。十五六年以来有一种极为盲目、普遍地对社会主义的仇恨，并一度达到了极为猖狂的地步。目前一些有势力的阶级仍然极度仇恨社会主义。

我们永远要记住：真正的社会主义是通过对群众进行道德和智力上的深入教育来提高其公民尊严的。而要达到这一点，首先要发展教育事业，解决群众无知的问题。为此，社会主义却受到污蔑、遭受攻击。许多演说家慷慨激昂地发表演说，把这些社会主义的改革家说成是人民的公敌，把所有的坏事都栽赃到他们的头上。

当年，一位罗马基督徒作家这样写道："哦，罗马人呀！我们是一派公正、善意、多思、文雅的人。为了祈祷我们才聚集到一起；我们就像兄弟一样爱你们；像孩子一样温柔和平；我们希望人与人之间能够和谐共处。但是，罗马人啊！你们却不管在任何情况下都叫嚷要把我们基督徒们扔出去喂狮子！"

现在，作为文明的桥梁的民主思想正经历着超负荷的、可怕的考验。如果背负沉重的包袱，任何别的思想也会被压垮，而民主思想却证明是坚不可摧的！因为它即便是受到荒谬观点的诽谤，也毫不动摇。对于那些随意妄加的种种罪名，它必须予以抵制，目前就有人污蔑它搞专制主义。

某个天真又被人蒙蔽的流派认为人民用不着自由，自由适用于有钱人。该流派领袖人物多年前已经去世，这位可怜而正派的幻想家以为不要自由也可以取得社会进步。这里我要明确地表明我们的态度：不，绝对不行！没有自由的东西绝对要不得。因为自由就像眼珠一样宝贵，它是进步的视觉器官，失去自由就是剥夺了灵魂的视觉。你能想象自愿当瞎子这样可怕的事情吗？但是，就有人愿意这么干，有人自愿失去自由充当奴隶。他们带着锁链却还面带笑容，你说有比这更丑陋的形象吗？

人一旦失去了自由就不成其为人，不自由者对任何事情视而不见、听而不闻，不能明辨是非、成长壮大。他们什么都不明白、什么都不渴求；他们不懂得爱，没有老婆儿女；他们就如同动物一般，只有雌性配偶和一窝崽子。总而言之，他们虽生犹死！

但是，争取自由需要付出努力，甚至要经历若干风险。因此，有人想要抛开自由去建立文明，这是绝对不可能的！这就如同不要阳光而从事耕作一样，而万物生长靠阳光呀！太阳有时也会成为让人指责的星辰。1829年夏季的一天，天气酷热无比。一位早已被人遗忘但才华横溢的评论家一边削鹅毛笔，一边低声嘀咕："我要痛责这该死的太阳！"

一些社会学理论自己陷入了歧途，这些理论与我们争取和理解的社会主义截然不同。类似修道院、兵营、蜂房、点名站之类的东西我们先排除不说，就算没有耶稣会派，巴拉圭仍然是巴拉圭。给弊病改天换地，这绝不是什么上策；而照搬旧的奴役体制更是愚昧无知。欧洲各国人民都要警戒那稍加修饰的专制主义，以防无意中给其增砖加瓦。如果有特殊的哲学支撑，这玩意也许会经久不衰的。

一些正直而诚恳的理论家，因为害怕活动分散、精力分散；害怕会陷入所谓的"无政府状态"，竟然同意绝对的社会集权制度。他们自己逆来顺受，因此，他们杜撰了一套理论，提倡人们也吃喝玩乐。这种愚不可及的享福居然被他们视为解决问题的办法，这种享福在别人看来并不是真正意义上的享福。

我们梦想的不是这种唯命是从的福利，诸如对土耳其农民使用的棍棒，对俄国农奴使用的笞刑，对英国士兵使用的九节鞭，这些均不是我们为各民族所追求的梦想。这些偏离目标的社会主义者有其来源，因为这批天真烂漫、自以为有着民主愿望的理论家迁就既成事实并且对"1789年的原则"高谈阔论。这些无意中主张某种专制主义的哲学家应该三思！他们以反对自由的思想教化群众，并给人们灌输欲望和宿命论的思想，他们处处提倡物质主义，而这与国家提倡的"建设"背道而驰。显然，他们是冒着风险的！他们就像那种"老好人"一样理解"进步"：假如有人送来一具新的绞刑架，此人定会热烈欢呼并且大声叫嚷："送来的太及时了！我们本来只有木头的绞架，现在时代在进步，我们有了石头做的高级绞架，这足够我们的子子孙孙享受一番了！"真是愚不可及！

第二节　天才与人民

人若只填饱肚子，满足口腹之欲，也算是一个小的成就，因为这毕竟只满足了人的动物性。除此之外，人应该把志向定得更高远一些。

有一份高薪的工作，这当然不错！甚至可以说非常好！脚下有坚实的东西垫底、薪水颇丰，这当然是令人高兴的好事。聪明人喜欢拥有丰富的物质并且会确保其现有的地位。如果有一个年薪1万银币的职位，这当然是非常风光、非常舒服的事了。因为高薪养人，能使你容颜焕发、身体康健；而拥有颇高的收入的职位才能过上富裕的生活。比如，高级的金融界，一旦你踏入那里便可过上有利可图、安居乐业的好日子；更有幸者，如果你能得到权贵的赏识，这不但可以养家糊口，而且还能发财致富。但是人各有志，我自己是不会选择这种生活的。

人类的目标是不同于动物的目标的。也就是说，人除了追求酒足饭饱的物质生活目标之外还追求其他的东西。

人民的生活就像个人的生活一样时起时落。但是这样的时刻终会过去，不应留下任何痕迹。目前人们有一种只追求物质享受的倾向。因此，很有必要提高人们的道德水平；恢复人的心灵、人的智慧。当务之急这些作家的责任就是以身作则、身体力行地指出人的目标以提高智慧，改进那些只追求物质享受的思想。历来的天才都是这样做的。若要问诗人应当致力于什么？这就是其用武之地了！

迄今为止，曾经存在的文学都是文人的文学。尤其在法国，文学倾向于成为贵族。因此，做一名诗人就相当于成为达官贵人。比如说吧，不是所有的词语都可以组成语言、收编进字典。字典可以根据自己的决定接受该词或者不接受它。试想想看，如果植物学宣布某一种植物不存在，那该是怎样的情形呢？再想想看，大自然小心谨慎地将一种昆虫献给昆虫学，而昆虫学则认为它的存在问题不接受它，那又会怎么样呢？还有，天文学也可以挑剔星辰等。

记得在一次学士院全体的会议上，有人告诉一位已故的学士院院士，说"在法国说法语是 17 世纪以后的事，而且是在 12 年间推广的，现在已经记不清是哪 12 年了"。够了！现在是应当走出这类观念的时候了，并且民主也要求我们走出这类观念。

除此之外，民主还要求我们走出学院、走出狭隘的天地、走出小房间，要求我们摆脱低级趣味、摆脱胸襟狭窄的艺术、摆脱门户之见。诗歌是不讲究帮派的。目前，有人极力想让那些旧东西死灰复燃。我们绝不允许他们这么做。我们要同这种倾向做斗争。当务之急，我们要做的是要强调真理。目前，充斥于官方和公立教育的都是些过了时的东西，诸如教科书为中学毕业会考所推荐的参考书目，在诗歌和散文中写下的过于夸大其词的赞扬的话，在某位国王头顶飘荡的悲剧剧目，穿着礼服的充满"灵感"的诗人，绝对的权力指挥着诗歌，忽略了莫里哀和拉·封登的种种《诗学》、闭塞的思想等。如果某个时代被称为伟大的世纪，那肯定是一个光辉的世纪，但这只不过是文学上的"官方独白"。

你能理解这种奇怪的事情吗？文学竟然成了旁白！这就好像在某种艺术的门口上写着："文学不得入内！"就我们而言，我们想象中的诗歌是敞开大门的，任何人都可以登堂入室。现在文明的时钟已经敲响，"一切为了人人的旗帜"可以高高地挂起来了。文明如同女子一样已经到了其青年时代，它需要的是人民的文学。

在1830年，古典派与浪漫派就本人的剧作《艾那尼》展开了激烈的辩论，这从表面上看似乎是文学问题，其实质是社会、人文问题。这个问题现在到了做结论的时候了。我们的结论是：要一个以人民也就是以人为目标的文学。

31年前，本人在《吕克莱丝·博吉亚》序言中指出："诗人负责灵魂。"如果有必要，我在这里将其补充完整：除去可能有的失误，诗人负责灵魂。而这句发自肺腑的话正是本人一生都严格遵循的守则。

15、16世纪意大利历史学家马基雅维利对于人民有种奇怪的看法。在其创作的《君主论》中，他向当时的统治者献计献策。他的计策就是让统治者把事做绝、让瓶里的水溢出、夸大君主行为的恐怖性、加强镇压使被压迫者满腔愤怒、造成对偶像崇拜的极端憎恶、把群众逼得走投无路。其实，他的肯定也就是否定。为了让暴君垮台，他让其承担暴君制度。就这样在他的手里暴君成为了丑怪的派生物，这注定是要灭亡的！

马基雅维利是在搞阴谋，可是他是为了谁呢？他又是在反对谁呢？这一切就显而易见了！他对君王歌功颂德，这有意无意地会激怒一些人，使其产生弑君的念头。他将一顶罪恶的王冠、一顶用恶行铸造的帽子戴在了国王的头上，上面还加上了淫棍的光圈。然后，他让人们崇拜其制造的丑类。这样就产生了"仇人相见分外眼红"的效果。

他歌颂弊病，同时也注视着人们对此的反应。马基雅维利成了弑君罪的导演，成了梅迪契和博吉亚这类人物的仆从，他年轻时因为崇拜阴谋家而遭受过酷刑，他还参与、策划过佛罗伦萨的解放。不知道这一切他还记不记得？也不知道他还会不会继续这样做？他的主意被君主采纳了，这就像划过长空的闪电以及震撼云层的雷鸣一般产生了可怕的结果。那么，他为什么要这么做呢？他的本意是什么？他又是针对谁的呢？他的主意对君主而言是不是有利呢？

一天在佛罗伦萨的一座花园里，马基雅维利的一位对手听见他对两位王爷说："不要让人民读任何书，甚至我的书也不要读！"当时，公爵和让·德·梅迪契也在场。伏尔泰也曾向一位公爵发表过自己的看法。他向大臣建议过、也向国王暗示过："让那些傻瓜们去读书吧！人民只不过是群流氓，书籍也只是胡言乱语而已！读书不会有什么危险的！况且，像法国国王这样的大王有什么可以忧虑的呢？"

如果把马基雅维利和伏尔泰俩人的意见进行一个比较的话，

那实在是令人深省的！前者不让人读任何东西，而后者让人什么都读！这听起来好像是两种截然相反的意见，但实际上却是异曲同工，一般人是看不出来的。他们是两个可怕而间接的革命党，表面上迥然不同，而实际上都恨透了主子，只不过是表面上假装服服帖帖，而又阿谀奉承罢了！伏尔泰收敛起利爪，在国王膝下匍匐跪拜，其实他是狡诈的！而16世纪的君主卑劣行为的理论家、神秘莫测的廷臣马基雅维利，表面上对君主热心，实际上他城府很深！可以说是阴险的！被这种像斯芬克斯一样的猜不透的人物所奉承，这该是多么可怕的事呀！因此，君主们还不如像路易十五一样得到一只猫的抚爱。

综上所述，我们应该得出这样的结论：让人民读马基雅维利的书，让人民读伏尔泰的书！虽然马基雅维利会引起人民的憎恶，而伏尔泰会唤醒人民的鄙视，但是他们都是将矛头对准君王之罪的！人们的心灵首先转向甜美者维吉尔和辛辣者尤维纳利斯这样清澈明净的伟大诗人。

人们要想进步，就必须促进思想；要做到诲人不倦！学无止境！除此之外，别无他路。因此，未来的一切革命，可以用一句口号来概括：免费义务教育。阅读书籍！

要进行广泛的智育，就必须阅读第一流的作品，也就是天才的作品。因为天才的层次高，他们的作品才是优秀的作品。另外，凡是有群众居住的地方，都应当选择在特殊地点设置伟大思想家的公开讲座。伟大的思想家也是慈善的思想家。美自始至终都贯穿其作品之中。诗人作为伟大的思想家之一，就毫无疑问的处在了教育事业的顶峰，他们通过其作品来感化、教育人们。

让人民与天才接触，天才对人民的影响究竟有多大，这是谁也无法知晓的。但是人民的心一旦与诗人的心相结合，那肯定会促进文明、促进思想，让人民得以进步。对于天才这样伟大的教育家，人民能理解吗？当然能理解了！因为人民有着伟大的心灵，对于他们而言，没有什么高不可攀的东西！您在集市的日子去看过那不花钱的演出吗？对于那些无拘无束、通情达理的观众您有何感想呢？他们对于演出表现出狂热的激情。我想即使在森林里，您也没有听见过如此深沉的回响吧？凡尔赛的宫廷在表示赞叹的时候，就像一群士兵在做演习一样；而人民则会奋不顾身地向"美"扑过去！剧场里他们那种人推人、人挤人、相互交融、彼此结合、抱成一团儿的情景正是诗人便于塑造的好材料呀！用不了多久，莫里哀便会用笔将这一切都记录下来，他是那样的热情四射，以至于握笔的大拇指因为用力过度而留下印迹；高乃依也不例外，他也用笔描绘了这一群不拘形迹的人们。这群从四面八方冒出的赤足、露臂、衣衫褴褛、神情庄严肃静的人们便构成了人的壁垒。

大厅里人山人海、座无虚席，一大群人在观看、在倾听、在爱慕，由于受剧情感染，唤起了他们的良知，他们个个都热情洋溢，眼睛都闪闪发光。这"千头怪物"亲临这样的盛会，他们所有的情感都因为剧情而表现得淋漓尽致！他们就是被古人称做"贱民"的人民。他们抚爱着"美"，并且像优雅的女子一样对其莞尔一笑；他们具有细腻的文学修养，同时具有体察入微的能力，这是谁也无法比拟的！

他们在战栗、在狂叫、在雀跃；他们有时含蓄的就像处子一样纯洁，没有任何假惺惺的成分存在。这"野兽"不野！他们具有非同一般的同情心，可以说是大慈大悲的心肠，同时具有七情六欲——从热情到冷嘲、从讽刺到恸哭。他们刚才在观看演出时表现出的实在是崇高的一幕，剧情中那幽暗阴惨的闪电突然间激励着所有人的心灵，他们热情高涨。如果此时敌人兵临城下、国家危在旦夕，只要向他们振臂一呼，他们肯定会重演古希腊"温泉关"战役那样的业绩。正是诗歌促成了他们的这种转变。

群众很容易被伟大的理想所感召，这正是他们的美之所在。能够接触伟大的艺术使他们兴奋不已。因此，在阅读伟大的艺术作品时，他们总是小心翼翼，绝不会忽略任何情节。他们是生机盎然、灵活流动的一大队人。他们时而激情四射，时而又像含羞草一样，接触美使他们的"表层"受到刺激，而内心却因为作品的情节而动情。轻拂枝叶，神秘的气息吹过，在他们的灵魂深处就会产生某种神圣的东西，受此感染，他们时而激动，时而战栗。

即使在人民不成群体的地方，他也是伟大作品的好观众。他诚实但却充满稚气，无知但却充满好奇心，这是一种健康的好奇心，是一种对于知识的渴求。他与大自然朝夕相处，因此，对"真"产生了某种神圣的激情。在诗歌方面他有秘密的"窗口"，这是连他自己都没有料到的。所有的教益都对人民有教化作用。知识越是来自上界，就越适合这淳朴的心灵。所以我们希望能在农村设立讲座，向农民们讲解荷马的史诗。

物质过多是一种弊端、是一种累赘。现在是该为人的心灵重铸理想的时候了。但是，从哪里得到理想呢？从存在理想的地方，从诗人、哲学家、思想家的身上。换句话说，从埃斯库罗斯、以赛亚、尤维纳利斯、但丁、莎士比亚身上。因此，请将埃斯库罗斯、以赛亚、尤维纳利斯、但丁、莎士比亚投入到人类深沉的灵魂里去吧！请将所有这些灵魂渗透到普通人身上吧！

他们包括约伯、所罗门、品达、以西结、索福克勒斯、欧里庇底斯、希罗多德、普劳特斯、卢克莱修、维吉尔、贺拉斯、塔西陀、彼特拉克、塞万提斯、帕斯卡尔、弥尔顿、笛卡儿、高乃依、拉·封登、孟德斯鸠、狄德罗、卢梭、博马舍、康德、拜伦、席勒……还包括所有的智者，从伊索到莫里哀；所有的学者，从柏拉图到牛顿；所有的百科全书，从亚里士多德到伏尔泰。这样在治愈眼前物欲横流、理想缺失的弊病的同时，就可以彻底地恢复人类头脑的健康。这样在治愈资产阶级的同时，也就缔造了人民。

正如前文所述，破坏解放了世界，而您即将进行的建设又会使世界繁荣昌盛。因此，现阶段伟大的目标就是缔造人民。那么该怎样实现这一宏伟的目标呢？既要采用科学的方法，又不能失去原则；要尽可能地将"绝对"化为现实，理想被各种成就做了加工，其中包括政治经济学、哲学、物理、化学、动力学、逻辑学、艺术；要用团结取代对抗，最后达到统一；要做到信奉上帝，遵从神父，保持高尚的情操，热爱大地，以生动的语言说话，以法治为规范，以责任为动力，以劳动求健康，以和平谋治理，以生命为纲要，以进步为目标，奉自由为权威，以人类为国民。而理想则是处于这一切之上的东西，是正在实现的进步所确定的目标。

那么，天才属于谁呢？不就是属于你、属于人民吗？他们属于你，是你的子孙，那是因为你给了他们生命；他们又是你的先辈，那是因为他们转而又教育了你们。他们在你们混沌的思想中播下了光明的种子，他们也饮下了你们酿的甘醇。人民呀！你的每一程路都是一种波折。你是深沉的生命之源，你是伟大的母腹，天才们曾在你的母腹中躁动。神秘的人群啊！天才就是从你们的腹中诞生。因此，他们就应当回到你们当中去。人民啊！造物主上帝将你们的儿子——天才又奉献给了你们。

第六章　美与真

善无论如何不会减弱美，

难道因为狮子能动情，

就不如老虎美吗？

它松开口，让孩子回到母亲的怀抱，

难道就破坏了他颈上鬣毛的威严吗？

难道因为它舔舐了一位罗马奴隶，

它那怒吼的余威就消失殆尽？

天才若不伸出援助之手，

即使美，那也是畸形的。

因此，让我们爱吧！

让我们爱！

第一节　艺术的目的

才智之士请做一些有益于社会发展的事情，为人类的进步发挥作用吧！不要厌烦追求有效和实用，为了艺术而艺术虽然美，但是为了追求进步而艺术则更美。追求梦想固然很好，但追求理想则更好。您需要美梦，那么就梦想人类变得更加美好吧。您要进入梦乡吗？那么便追求理想吧！先知寻求独处，但他并不是要求遗世独立。先知思索人类社会的，在纷乱无序中剥丝抽茧寻找答案。先知走在沙漠中，但他心中牵挂着群众。先知走在树林中，却在心中与人群聚集的都市在交谈。在他眼中，狂风摧折的不是小草，而是他心念不忘的人类；他为之愤怒呐喊的不是雄狮而是暴君！古代的以色列王、帝王们、法老们，你们要倒霉了！伟大而孤单的先知在奋力为人类呐喊，然后黯然泪下。

先知曾经为巴比伦遭受奴役的命运而落泪，现在是为波兰、罗马尼亚、匈牙利、威尼斯而神伤。先知是善良而深沉的思想家，他为此而昼夜不眠。他观测、窥探、聆听、注视；他双眼盯着黑夜，耳朵聆听四野，他的利爪伸到了坏人身边。难道你还要对这位追求理想的先知谈论为了艺术而艺术吗？他的目标就是为人类追求更加美好的东西，并为此献身。

他不属于自己，他属于自身的使命。他要完成的艰巨任务就是推动整个人类的发展与进步。天才不是为自己而生，降生在尘世的天才就好比将自己奉献给人类的上帝，他为人类而生。人世间的天才就相当于自我奉献的上帝，而他们的杰作就是上帝显灵的方式。每一部杰作的出现，都是上帝显灵的方式，上帝透过杰作在传播自己的旨意。因此，在世界上所有的宗教和一切民族当中，真正的信仰是属于天才的。如果仅仅因为天才没有将基督的神像奉为神明就怀疑他们你的信仰，那就大错特错了！

到了现阶段，人类要解决社会问题就得依靠大家的共同努力。任何孤单的力量都会被现实销蚀。理想与现实紧密相连，艺术与科学相辅相成。它们是支撑人类进步的两只车轮，应当一起转动。

哦！新一代的才智之士、年轻的作家与诗人啊，你们这群生龙活虎的队伍就是祖国的未来。你们的先辈热爱你们，并向你们致敬。请你们再勇敢些！让我们为祖国而献身！献身给真、善及公正，这是最有价值的事情。

有些热爱艺术的人士，他们出于一种高尚的动机，不赞成"为进步而艺术"的口号。他们担心"实用的美"，其中的"有用"会歪曲了"美"，因为他们惧怕诗神的臂膀伸出的是女仆的手。他们认为：过多地接触现实会使人失去理想。因此，高尚的艺术如果深入并普及至全人类，他们便会为此焦灼不安。其实他们错了！

实用非但不会限制崇高，反而会增进它。如果将崇高运用到人间，诸多事情则会产生一些料想不到的后果。实用本身以及作为与崇高相结合的要素，有好几种类型：有温和的实用和愤怒的实用；带着一种有益于社会进步的目的写作，至少也会产生史诗来慰藉不幸者的饥渴，或者愤怒地鞭挞坏人，创造出天才的讽喻以警世。《圣经》中记载，摩西将权杖交给耶稣，这威严的权杖点石喷泉之后，将商贩赶出了圣殿。

有人担心艺术的目的与作用扩大之后反而会衰退！其实事情恰恰相反，因为多一分服务多一分美。然而有人却认为不可这样做，而是要通过着双手医治社会创伤、修订社会守则、为了法治而废除法令，减轻门诊负担，对失业和工资状况进行社会调查，品尝穷人的黑面包，为女工寻找工作，开办学校，教幼儿识字，提倡多印识字课本，宣扬人人有权享受阳光，努力改善给全社会的人提供智慧和心灵的营养，使饥渴者有吃喝，赤足者有鞋穿。以上这些并非高不可攀、难以企及的事情，只要愿意为之奋斗就会有改变。

然而艺术却是来自云端，艺术是来自上帝的恩赐。从天而降的阳光可以使麦穗抽实、玉米成熟、苹果变得浑圆、橘子变成金黄、葡萄变得甘甜。阳光、农民、葡萄农及菜农携手合作，让甜菜长熟、浇灌土豆、让苜蓿和甘草肥美，然而这绝不会以摘掉天上一颗星星为代价。其实，广泛和实用并不矛盾，正如我所说的"多一分服务多一分美"。这不会使艺术衰落的，实用并不会造成任何损失。难道磁性或者电波的生命之流，在密云中发出闪电会使其失去光华？或者因为它同意为一叶扁舟导航而使这小小的磁针永远向北？难道曙光会因为担忧蜜蜂干渴而细心地向花朵浇灌露珠，这会使它失去光华、失去它的庄严肃穆、失去它的卓越风姿吗？

有人指出：那些为人民、社会及人类服务的诗歌，可以扬善弃恶，宣泄公众的义愤；可以辱骂暴君，让那些坏人们无计可施；可以解放下层公民，把灵魂向前推进；可以打退黑暗势力，对盗贼和暴君的罪行做到心中有数；可以改善牢房的环境，及时清倒垃圾。因此，我们呼吁那些抒情诗神们，请发挥你们的作用吧！请挽起袖子干这些"粗活"吧！诗神们对此摆出一副满不在乎的态度。

他们为什么不可以去做呢？荷马在当时是地理学家兼历史学家，摩西是当时的立法者，尤维纳利斯是当时的法官，但丁是当时的神学家，莎士比亚是当时的道德家，伏尔泰是当时的哲学家。不管是在思辨还是在现实中，都不存在思想的禁区。既然艺术是来自云端，那么只要拥有羽翼，就有在艺术的天际展翅翱翔的权利。

对于某些道德高尚的人物来说，他们能够翱翔本身就是为人民服务。比如，在干涸的沙漠中行走，找不到一滴水源，干渴是件多么可怕的事呀！那些可怜的朝圣者拖着沉重的步伐，连气也喘不上来；突然间，有人发现在遥远的地平线上、在一线黄沙的上方，有一只兀鹫在天际翱翔，这该是多么令人惊喜的事情呀！全队人马都会齐声喊道："那里有泉水！"

在诗人的行列中，埃斯库罗斯是当之无愧的诗人！如果想了解他如何看待"为艺术而艺术"，那么你可以阅读亚力斯多芬的《蛙》第 1039 行，在那里你可以找到答案："自古以来，著名的诗人就服务于人民。古希腊传说中的英雄奥菲斯让人们了解可怕的谋杀，诗神解释神意和医学，古希腊诗人赫西俄德教会人们耕作，神奇的诗人荷马宣扬英雄精神。我也要像荷马一样歌颂英雄，使每个公民都努力学习伟人。"

就像大海里都是盐一样，《圣经》里都是诗歌。在适时的场合，《圣经》里也谈论政治。例如，在《撒母耳篇》第八章中，犹太人民要求有一个国王来统治他们……"耶和华对撒母耳说：'他们要求有一个国王来统治他们，但是却拒绝我，不让我来统治他们。就随他们吧！但我要抗议并告诉他们，诸王将会怎样对待他们。'"于是撒母耳就向那些要求要国王统治的人们传达了耶和华的旨意。他向人们说道："国王将会带走你们的儿子，把他们装上车子；会带走你们的女儿，让她们成为仆人；他将夺走你们的土地、葡萄和已经长好的橄榄树，还会从你们的收获中抽取十分之一，以及把你们收获的葡萄，送给他的仆役；甚至会带走你们的仆人和驴子，让他们为他自己干活；你们肯定会因为这骑在头上作威作福的国王而呼喊，但耶和华不会理会，你们仍将充当奴隶。"撒母耳否认神权，《申命记》毁坏了所谓的祭坛。但是，邻近的祭坛不都是假的吗？"你们将毁坏假神的祭坛，将到上帝的住所去寻找他。"这几乎是泛神论的观点。《圣经》中记载了人间的事情，有时主张民主，有时否定偶像，我们不会因此而认为本书不美妙、不高尚。如果连《圣经》中都没有诗歌，那么要到何处寻找诗歌呢？

如果有人认为诗神生来就是为了歌颂、为了爱恋、为了信仰、为了祈祷，这样的说法既对也不对。我们必须阐释清楚。他们歌颂什么？爱恋什么？相信什么？向谁祈祷？难道是歌颂空虚、爱恋自己、相信教义、向偶像祈祷吗？不是这样的，那么什么才是真正的目的呢？我以为诗歌应该歌颂理想、热爱人民、相信进步、向无垠的世界祈祷。

不要给诗人设置界限，将他们禁锢其中，以至于将其置于人类之外。一定要切记：诗人有超凡脱俗的一面，因为他有羽翼，能展翅高飞，可以在长空深渊里任意翱翔直至消逝在人们的视野中。

诗人本该如此，我们应该赞赏诗人的卓越，然而前提条件是当诗人在无垠中自由翱翔时，能够重返人间。他也要在翱翔蓝天之后，还能脚踏实地，行走在大地上。他是高高在上的大天使，然后再次回到凡间却如兄弟般出现在我们当中。他远离人类之后，能够再回到人们当中。他明亮的眼睛会流泪，而这泪水是凡人的痛苦。

我们的诗人既是凡人又超乎凡人。如果完全远离人类，那就等于不存在。所以，天才啊！请看看你的脚是否和我的一样沾满尘世的泥土！如果你的脚上没有这样的泥土，那么你肯定从未走过我走过的那些羊肠小道，我们肯定彼此不相识。你自己以为你是天使，可我却认为你是笨鸟。

从以赛亚到伏尔泰，天才们都遵循这样的规律，那就是：强者帮助弱者，大人帮助小孩，自由的人支持被束缚者，有思想的人协助无知的人，孤独的人援助一群群的人们。那些不遵守规律的天才只能是奢侈的天才。

如果不接触尘世的实际，即便是他精细、微妙、优雅，自以为变得纯洁，那只不过是一种自我否定，也一点都不伟大，也只能是位毫无用处的天才。任何大致有用的人都有权利质问他：这懒汉对于事情又有什么帮助呢？这就像寓言里所讲的一样：那种不愿去水泉装水的双耳壶，只配得到陶瓷罐的耻笑。

诗人就是伟大的献身者。他即使被压垮，也会问心无愧；他的不幸就是幸福。对他来说，尽责任也并不是坏事。因为责任就如同理想，为了理想而承受冒险是值得的！所有的思想家都应该做到不要避免与君王交手，也做到重视真理、为人正直、对群众进行教育、关注人类的自由、拥有高尚的道德、良知，等等。他们还拥有愤慨和同情的能力，这是向着人类遭受痛苦奴役的两个侧面施展的同一种能力。同时，他们敢爱敢恨！他们使暴君和奴隶处于平等地位，这是非常了不起的努力！但是当今社会的一个侧面是暴君，另一个侧面是奴隶。要让他们双方处于平等的地位要费很大的周折，然而，他们必定要做到这一点，并将在其中成长。天才成长的规律是在进步中做上帝的仆人，在人民中做上帝的使者。

第二节　艺术与进步

除了随心所欲的诗人和理智冷静的诗人之外，还有一种诗人，他兼具前两种诗人之长，并且取长补短，将它们融入一种更为高尚的境界，即：将两种结构结合到了一处。这是第一等的诗人。他感情迸发，随兴而至；他又理智健全，克尽己则。随心所欲的诗人能写出《雅歌》，诸如贺拉斯、品达；理智冷静的诗人能写出《利未记》，诸如公元1世纪的拉丁诗人吕甘、赫西俄德；而第一等的诗人则能写出诸如《颂歌》和《预言》，尤维纳利斯和荷马就属于此类诗人。

善无论如何不会减弱美，难道因为狮子能动情，就不如老虎美吗？它松开口，让孩子回到母亲的怀抱，难道就破坏了他颈上鬣毛的威严吗？难道因为它舔舐了一位罗马奴隶，它那怒吼的余威就消失殆尽？天才若不伸出援助之手，即使美，那也是畸形的。因此，让我们爱吧！让我们爱！

爱并不会妨碍做那些令人高兴的事。我们从来没有见过，一种形式的善会排除另一种形式的善，相反，一切善都是相通的。说得明白点就是：有一个优点并不一定就有另一个优点；但优点加优点反而变成缺点，那倒是奇事。有用和美都是优点吧！有用只是有用，美只是美，然而同时拥有有用和美，那就是崇高。1世纪的圣·保罗、2世纪的塔西陀和尤维纳利斯、13世纪的但丁、16世纪的莎士比亚和17世纪的弥尔顿、莫里哀，他们的作品都是既有用又不失美。因此，他们的作品就具有崇高的优点。

在前文提到"为艺术而艺术"，我们对这句话要做一个恰当的解释。很多人都持有一种看法，这种看法一再被人们提及，认为笔者曾写过此话。这也许是出于好意，但是笔者是绝对没写过这样的话。如果你读一读笔者发表过的所有作品，可以从第一行读到最后一行，你肯定是找不出此话。我一生写下的所有作品以及毕生所有的文字，都恰恰与此话相悖。

那么关于这句话的实际情况是怎样的呢？事实是这样的：35年前的一天，当批评家和诗人在讨论伏尔泰的悲剧时，笔者曾经说过："这悲剧不是悲剧，也不是活生生的人物，而是解释格言。如果以'为艺术而艺术'为写作目的，则要好一百倍！"当时是出于无意，岂料到该句话被曲解，竟在以后成了套话，这真是笔者始料未及的事啊！其实，这句话仅适用于伏尔泰以中国《赵氏孤儿》为材料来源的剧作《中国孤儿》等两部剧作，并且在限定意义上也没有问题；但是有些评论家却把它说成是一套原则的宣言，并将这句话当成写在艺术大旗上的一项"公式"！清楚此点之后，继续阐述我们的观点吧！

品达曾写过一首诗，其中他激励马车夫，赞扬了战车车轮上的青铜钉子；公元 7 世纪希腊抒情和讽喻诗人阿尔基洛克也写过一首诗，其中他疾言厉色，让读者诸如杰弗里读之丧胆，以至于停止了犯罪，自动到他在为好人准备的绞架上吊死。这两首诗写得一样美，但是我却更喜欢后者。

在史前时代，诗歌一般采用的是寓言传说的形式写成的，其中具有普罗米修斯式的恢宏气度。这气度的内涵是实用。诸如诗人奥菲士驯服野兽；宙斯之子安菲永建筑城池。诗人兼做两事——作诗和做事，并且两者之间互相帮助。人们说诗歌是缔造文明的力量也就是这么来的。

各国人民都是有良知的，他们是在传统的基础上循着真理的方向编造寓言的。在这个不断发展的遥远年代，一切都是伟大的、壮观的。人们赞美驯兽诗人奥菲士，其实在尤维纳利斯的身上也可以看到其踪影。

让我们再次谈谈尤维纳利斯吧！如果说在文艺界有诗人遭受过更多的辱骂、更多争议、受到过更多的诬蔑的话，那就非尤维纳利斯莫属了！从一个文丐到另一个文丐，他们对尤维纳利斯的诬蔑旷日持久、至今不衰！那是一种卑劣的愤怒，像尤维纳利斯这样的雄鹰般的人物、这样的疾恶如仇的伟人常会受到那些趋炎附势者的仇恨，其中包括那伙善于诡辩的仆从、文丐作家、御用史官、被豢养的注释家、那些廷臣和学究。他们不允许惩罚者和复仇者享受荣光，也不愿意让这些主持公道者获得公道，因为他们妨碍了主子又激怒了仆从。因此，这些卑劣罪行的化身、这些十恶不赦的"贤明君主"、这些宠臣荡妇、这些把持国政的宫人、这些老爷、罪犯、妖艳的女子等，他们不会忍辱含羞地赞同尤维纳利斯。于是那些小人们狼狈为奸、那些专制者依靠暴君，他们采用各种借口开始了对这些伟人的抨击。他们以权杖的名义以及商业的名义向鞭挞者和抨击者宣战！这很好！那些大臣、顾客、宦官、雇佣文人、剪径大盗和伪君子们，你们请便吧！让暴风雨来得更猛烈些吧！

以赛亚、尤维纳利斯和但丁都是圣洁的处子。他们低垂着眼帘，刻板的睫毛下闪烁着正义的光芒。他们满腔怒火，那是圣洁的怒火、诚实的怒火，与道德本身一样的纯净、一样的洁白无瑕。

自从远古时代，直至中世纪，全部的历史都可以证明艺术与进步的合作。合作的节奏就是力量，中世纪已经了解并且接受了这种力量。在当时封建的野蛮时代，封建势力也害怕诗歌的这种力量。那些男爵们并不是腼腆羞涩之人，但是在诗人面前却变得张口结舌。是谁让他们这样害怕呢？是那些宣传文明精神的不速之客——诗人，是他们雄伟的诗歌。那些封建势力担忧了，他们瞪着惊恐的眼睛，嗅着这"黑暗"的气息，他们在战栗，洞穴内出现了混乱，那些龙和水蛇都惴惴不安，因为有看不见的神灵。

据说正是靠了诗歌，撒克逊人才在约克郡解救了被围的兄弟；还是因为诗歌，诺桑伯的君主才被威尔士人救出；行吟诗人曾在古堡救援过遭遇袭击的伯爵；在伊丽莎白时代行吟诗人被赋予了特权。从上述传说我们可以清楚地看到诗歌的力量在野蛮势力浓重的英国所发挥的重要作用。

在那个时代，诗人是有权斥责并且恐吓权贵。1316 年的圣灵降临节那天，在威斯敏斯特的大厅里，当时的国王爱德华二世与贵族们同席而坐。这时，一位女行吟诗人策马进入大厅，绕场一周之后向爱德华二世行礼，并大声地说诗人斯宾塞将被绞死，并被刽子手阉割，国王也会遭遇烙铁刺腹的厄运。然后，她将一封书信留在国王的桌子上便扬长而去。当时在场的人无人敢说一个"不"字。

每逢节日庆典，行吟诗人都会走在神父之前，接受丰厚的献礼。在一次圣十字架节上，12 位神父每人领到 4 个便士的奖赏，而其中的 12 位行吟诗人却每人领到两先令。据某教区的习俗，行吟诗人在画厅用晚餐，厅内点燃着 8 支最大的蜡烛，将整个大厅照得通明透亮。

在英国，越往北走似乎雾越大，诗人也就越伟大。苏格兰有非常伟大的诗人，当地的游吟诗人甚至超过了古希腊的游吟诗人。当年英国的爱德华逼近苏格兰时，是行吟诗人保卫了斯得灵，就像当年 300 勇士保卫了斯巴达一样，这一战役可以与当年的温泉关战役相媲美。在斯塔法这个地方有一大块空心岩石，它被命名为"诗人之石"，其实早在司各特访问赫布里斯群岛之前就已命名。

如果你是巨人的话，则很可能会有想要坐上去的念头。该巨石位于山洞入口处，四周是波涛和云霭。巨石的后面是菱形的几何图案，其雕刻真可谓是巧夺天工；上面还刻有散乱的圆柱以及汹涌的波涛；整个古迹透露出一种神秘的气息。在诗人之石的旁侧延伸着芬格尔式的长廊；大海在涌入洞穴之前先在这里被劈成朵朵浪花。每当夜幕降临，就好像有个怪影在这里扶椅安坐。当地的渔民说那是鬼魂坐在那里，因为那石头会使人想起坟墓。在白天，除了鬼魂没有凡人敢染指这庄严的座席。

思想就是力量。一切力量都有为社会进步服务的义务。到了当代这力量也不应停滞不前，或者对周遭的一切漠不关心；现在到了艺术发挥作用的时候了。经过 1789 年法国大革命，封建制度被彻底摧毁，人类行进的队伍登上了一块高地，天际因此变得更加开阔，艺术就该大有作为了。情况就是这样：只要天际一扩展，良知也相应地就要扩展。

但是，要将协和化为幸福、文明凝为谐协，还有一段很长的路要走！我们还没有到达目的地。18 世纪，圣·彼得神甫就拥有这种遥远的梦想，这在当时被看作是一种罪过，因此，他被逐出了学士院。后来，牧歌、田园诗都进入了上层社会，这惩罚也显得过于严厉了。圣·彼得神甫留下了一个字——善，也留下了一个梦想——博爱。我们大家都有这样的梦想，它使得波里雅克红衣主教气得口吐白沫，但却令伏尔泰笑逐颜开。这种梦想已经向我们靠近，但它还是朦朦胧胧，像是在"不切实"的云雾里，我们还是摸不着它。各国人民就像寻找母亲的孤儿一样渴望着和平，但是他们的手尚且没有碰到"和平"裙袍的下摆。

在我们身边还有许多的奴役、诡辩、战争和死亡，神权仍一点尚未消散；西班牙国王斐迪南七世、那不勒斯君主斐迪南二世、英国国王乔治四世、俄国尼古拉沙皇，他们的影子还在浮现；鬼魂的残余仍在漂浮；阴惨的乌云给那些君主们以灵感，他们也在做着不详的打算等，诸如此类的情况依然存在。因此，文明精神不能丢弃自己的一分力量。

　　文明还没有认可所谓的宪政者、人民的"所有者"，这些合法和遗传的梦幻家们，并未承认他们上帝指派给人类的王，而他们自认为对人类拥有控制权和解放权。我们应当对此有所制止，对既往不予苟同，对这些人、这些教条、这些顽固的幻想给予适当的回击。同时，智慧、思想、科学、严肃艺术、哲学应当小心防范种种误解。这些人拥有的虚假的权利可以调动人间真正的军队，他们发起了对波兰的残杀。最近去世的一位当代诗人说："我所关心的全部就是我的雪茄冒出的烟。"而我却要说："我所关切的全部就是那边正在燃烧的城市冒出的浓烟。"如果有可能，我们要尽可能地使那些高高在上的统治者发愁。

　　让我们尽可能在更广阔的视野下，更加透彻的理解中，学习区分正义与不义、权利与侵权、宣誓与伪证、善与恶；让我们把全部"对偶"的词语都一一考量，让应该如何与现在如何形成对比，让我们澄清所有这些东西；让我们都充满智慧，做到以教义对教义、以原则对原则、以力量对顽抗、以真理对欺骗、以梦想对梦想、以未来的梦对过去的梦、以自由对暴政，直到君王的权利与人的自由完全相当的这一天到来的时候，我们就可以坐下来、舒舒服服地躺倒、把"梦幻诗歌"这支烟抽完，并在蓝天白云之下开怀畅谈薄伽丘的《十日谈》。否则，我们不能放松警惕、躺下来睡大觉。

　　起来吧，祖国英勇的孩子们！起来吧，草原上的除草者们！起来吧，现存的波兰人民！请你们自己解放自己！不要期望暴君们会赏赐给你足够的自由与解放，也别奢望你们身上的锁链会自动化为耕犁。请再拿起武器来，请到处布置岗哨，不要陷入正教沙皇的所谓的善意、虚伪以及吹嘘的陷阱中去，那是另一种的危险。

在我们生活的时代，有演说家歌颂白熊的宽厚、豹子的温情。也有人摆出家长的架子，对"刁民"们大赦、宽大处理、显示出博大的胸襟。再看看他们取得的种种成就，似乎幸福的时代已经来临。于是有人呼唤：来吧，孩子们！别顾虑，回到帝国吧！投入君主敞开的怀抱吧！莫斯科的公园何其的美妙，农奴的生活何等的幸福，小溪里流淌的全是鲜奶，有繁荣、有自由；你们的君主与你们一样在悲叹着岁月的蹉跎；他们实在是好极了！至于我们，可以直言不讳地说：对于这种鳄鱼的眼泪我们不会为之所动。

现在的统治者心灵扭曲，他们将枯燥的义务强加给思想家，不管他是哲学家还是诗人。思想家必须保持清廉，必须抵制住统治者的腐蚀。现在比以往任何时候都有必要将理想向人们说得清清楚楚了，因为理想是一面反映上帝容貌的镜子。

在文学和哲学上，有一种夹杂着严肃成分的、具有讽刺意味的现象：一些非常伟大的人常常是一些两面人物，如法国文豪伏尔泰和古希腊的哲学家赫拉克利特，尽管他把自己装扮成德谟克利特。

在当局的压力及当时偏见的影响下，这些人常会说一些有双关含义的话。其中最深刻的一位是鹿特丹的拜尔，他是法国 17 世纪出色的思想家、作家。他曾说过这么一句格言式的话："宁可让思想不太优美，也不要触怒暴君。"我听后笑了。对此人我很了解，他也是位被迫害者，当年几乎被放逐。想到这里，我感到他说此话似乎是正面的含义，好像专门是为了让我反驳才说的。还有一位完全自由、富裕、幸福、得意的诗人，他也说过类似的话："这里，在和平时期，让我们各扫门前雪；如果是战争时期，若是战败，则不妨向敌军投降，以保相安无事。""让热情高涨的人在 30 岁时见上帝，一旦他懂得人间冷暖，就会由上当受骗者变为骗子。""神圣的新闻自由，有什么用处？给了你们什么成果？什么好处？你们已得到肯定的证明：舆论的极度蔑视。""有些人攻击伟大的事物成瘾；他们攻击过神圣同盟，可是他们没有想到还有比这同盟更伟大、更造福人类的东西……"读到这些话，你都会脸红。大家期待的是明确、坦率、健康的教训，而不是这样昧良心的话。这些话不分善恶，使人昏昏然并因而醉倒。说这话的是一位有才智的是诗人，这样的话的确有损其形象，使其由一位才智之人变为卑贱之人，这教训的确是可悲的、凄惨的场面。说话人是歌德，当时 60 岁。

歌德写下了这些阴森森的话，而我们有责任把它们钉在公路旁以便示众。让人们都牢牢记住这些话，也希望任何诗人都不要像歌德一样重蹈覆辙。

做一名诗人是很有意义、很有价值的事。因为诗人可以为了善、为了真、为了正义而热情澎湃；他们对受难者的苦难感同身受；一切刽子手对人类的鞭打都印记在他的心灵；基督被打，黑奴被打，就如同自己被打一样。于是，他们变得坚强起来，开始攀登这象征和解的险峻高峰，在攀登过程中，把理想之石砌到现实之山的上面；怀着慰藉世人的思想，他们著书立说，把对未来的希望广播于人间，把各色人等推向未来，其中有：男女老少、白人黑人、各族人民、刽子手、暴君、受苦者、骗子、无知者、无产者、农奴、奴隶、奴隶主……他们还做一些切合时宜的事，诸如前进、唤醒、催促、行军、奔跑、思考、索要等。可是令我愤怒的是有些诗人正在失去冷静，一定要提防啊！

最近几年，有人认为诗人登堂入室必不可少的条件就是要做到"毫不动摇"；认为"不动情"就可以成为奥林帕斯山上的人。

这里的奥林帕斯山已经面目全非。只要读一读荷马的史诗你就会明白这一点。史诗中真正的奥林帕斯山上的人是热情的化身，他们的神是无限扩大的人类。他们用弓、剑、长矛、大棒、电殛等武器不停地战斗，有的人还制服了野豹。还有一位智慧之神，他割下了头顶长蛇的"黑夜"之头，把它钉在盾牌上。因此，奥林帕斯山上的人不是平静的而是怀着愤怒的。这就是为什么《伊利昂纪》和《奥德修纪》从头到尾轰鸣着震耳的雷声。

如果这些愤怒是正义的，那就是好事。真正的奥林帕斯山上的人都怀有此种愤怒，就像荷马，还有尤维纳利斯、但丁、弥尔顿、莫里哀、阿尔赛斯特等，他们都怀着这种愤怒。耶稣也一样，正因为他疾恶如仇，他才说："我带来的是战争。"我爱愤怒的希腊诗人——荷马，他阻止与外邦结盟，并用竖琴猛击青铜牛。

据说，路易十四病重时，让拉辛住进他的卧室，把他当作药师的助手，除此别无所用。诚然，这是对文艺的真心保护，认为宫廷生活对他们来说已经足够。但是有一天，由于受路易十四的宠妇曼特农夫人的怂恿，拉辛想要走出去，看看人民的生活，于是有了关于公众灾难的文书。路易十四十分生气，恶狠狠地看了拉辛一眼。后来，他又听了曼特农夫人的主意，向国王递交了谏书，最终被逐出宫廷，郁郁而终！伏尔泰也一样，他在宫廷里做事，又听信国王情妇的劝告，那肯定是要倒霉的！

几年前，"一支相当权威的笔"写过这么一句"受欢迎"的话："诗人能给我的最大帮助就是无所作为，我们对他别无所求。"这里的诗人包括：……奥菲士、荷马、约伯、赫西饿德、摩西、但以理、以赛亚、伊索、所罗门、埃斯库罗斯、索福克勒斯、欧里庇底斯、品达、阿尔基洛克、柏拉图、毕达哥拉斯、卢克莱修、比特拉克、萨迪、但丁、塞万提斯、卡尔德隆、洛佩斯·德·维加、乔叟、莎士比亚、弥尔顿、高乃依、莫里哀、拉辛、布瓦洛、拉·封登、封特奈尔、伏尔泰、狄德罗、博马舍、卢梭、莱辛、席勒、歌德、夏多布里昂、拜伦、雪莱、沃滋华斯、司各特、巴尔扎克、缪塞、乔治·桑、拉马丁等。这群规模庞大的队伍都是神签的"无所作为"、"毫无用处"之辈。当白痴无耻到这种地步，实在应该记录下来以载入"史册"。据可靠消息透露，这句格言出自当今的显贵之一。对此，我们不持异议。伟大与白痴并不矛盾。

罗马统治者曾在罗马最高山丘之巅为一头称作"胜利"的蠢驴立像。虽然，这就是站在最高之处的驴，但终究是驴。

君王们称诗人为"无所作为"，这可以理解。但是，如果人们也这样称呼他们，这实在让人想不通。有道是"诗人为人民"。圣·保罗也曾呼吁："一切为大家。"什么是才智之士？诗人就是才智之士。他是人类心灵的哺育者；他既受威胁、也代表着未来；他通过让压迫者坐卧不安来抚慰被压迫者；他们的光荣就是在刽子手血染的眠床上放了一个硬邦邦的枕头，让暴君们寝食难安，经常会听见暴君们起床时抱怨："又没有睡好！"他的债权人是整个人类。因此，所有的奴役、压迫、痛苦，所有的受骗者、灾难、饥渴都有权向诗人提出要求。

诗人是带着公私的双重职责来到人间的。因此，他也许需要拥有双重的灵魂。一方面，他是一位伟大的服务者，他的胸襟里酝酿着全人类的悲鸣。由于形式所迫，也为了尽到责任，他振臂疾呼，喊出了全国人民的心声；另一方面，他是各种心灵的"知心人"、"忏悔牧师"，他还是一位陪伴相爱者、幻想者、叹息者的"第三者"，在他的心中咏唱着千姿百态的神秘之音。这两种角色并行不悖，互不干扰！比如，法国 18 世纪的诗人谢尼叶，他既写下了情诗，又写下了"你道德啊，假如我倒下，你就号哭吧"这样的名句。诗人是唯一具有双重灵魂的人，他既有权狂呼大叫又有权窃窃私语。

古罗马一位初具规模、尚未定格的普通诗人，他按照其出生地、求学地以及公民身份，说自己有"三重"灵魂。如果没有将良知的合力变为灵魂的活力这一活动，就没有诗人可言。古时的道德规则尚未确认，新近的道德规则尚未阐明，诗人必须努力使其二者得以汇合。因此，诗人必须时时发挥哲学家的作用，站在弱者的一方以捍卫人类精神、保护心灵自由。而这些都与"为艺术而艺术"没有关系。

像古时的峨尔菲一样，诗人来到芸芸众生当中，是为了驯服存在于人心中的恶劣的本能，即"虎"性；也像神话里的昂菲永一样，挪开一切顽石、偏见和迷信，推进新的山石，重建栖息之地、重造城池，即社会。

如果诗歌因为致力于促进文明而有损于它的美和诗人的尊严，那这样的逻辑真是令人发笑。所有这些优雅、魅力、名声、实用艺术都应该予以保存和发扬。埃斯库罗斯并不会因为维护了体现进步的普罗米修斯而被视为渺小；卢克莱修也不会因为解开了偶像崇拜的束缚、使人的思想摆脱了宗教的羁绊而受到伤害；以赛亚也不会因为以先知的烙铁烫伤暴君而被贬低。同样道理，美不会因为致力于人类群众的自由和进步而屈尊就卑。

因此，爱国和革命的实用性对诗歌不会有任何损害。这就如同 14 世纪的瑞士，吕特里的巍峨群山庇护了三州人民的领袖人物——三个农民，他们在悬崖下举行了庄严的宣誓，密谋起义以反对奥地利的统治，自由的瑞士从此诞生；然而这丝毫也没有影响吕特里如画的美景——夕阳西下，在苍茫的晚霞中、在静悄悄的崇山峻岭中，数不清的羊群踏着归程，脖子上的铃铛发出叮叮当当的清脆悦耳的响声。

第七章 永恒的莎士比亚

莎士比亚是人类的智者，

也是英国的才智之士，

他极具英国风度，这种风度是如此强烈，

以至那些由他搬上舞台的伟大的英王，

相较之也显得逊色不少；

但这位英国诗人是人类的天才，

莎士比亚是天才之中的天才，

他蕴含了人类的全部。

第一节 死亡是新的起点

1784年，15岁的波拿巴来到巴黎军事学校。当时他还是一名四年级学生，提着小衣箱，跟着一位年轻的修道士登上了173级台阶，走进顶楼那间给他的兵营房间。屋内陈设简单，有两张床，用水泥刷过的墙壁上有一扇透气的小窗户朝学校大院敞开着。此前小屋居住的年轻人在上面留下了一些涂鸦之笔，新来者可以读到四句留言："肩章需要长时间争取。""一生最美好的日子是战斗之日。""生命只是一篇漫长的谎言。""一切都在六尺地下告终。"只要稍作修改，用"帝国"一词取代"肩章"，这个短句就概括了拿破仑·波拿巴的全部命运。据陪同他的士官生、他的室友的叙述，当时波拿巴在留言下信手涂来，草草画了自己在科西嘉岛上的家，并写下了那最后一句留言："一切都在六尺地下告终。"他万万没有想到，正是这句话将远方那荒无人烟的流放地圣赫勒拿岛与他的诞生地科西嘉岛凑拢到了一起。

正如波拿巴所写，对于英雄、士兵而言，对于务实而讲究物质利益的人而言，人死后一切都结束了。但对思想家而言，一切却从地底死后开始。对他们而言，死亡是一种力量，坟墓则意味着消除障碍。

军人活着时拥有强大的力量，他站在天地间，大地也为之臣服。在举手投足间便可指挥众多不知所措的士兵跟着他冲锋陷阵，有时他率领的是罪大恶极的乌合之众。作为指挥者的他已不是普通人，而是征服者、将帅、王中之王，是皇帝、是耀眼的桂冠。他走过时会发出闪电般的光芒，在这光芒中依稀可见一位暴君的身影。如果有一粒石子射入他的肝脏、击中脑门，那他便永远的倒下了。

这样，光辉的幽灵倒下了，他这不平常的一生掉进了无底深渊，而人类却没有因此停下它前进的脚步。如果这种骤风暴雨式的人物没有伤及性命只是留下骨折，那么其一生也就剩下这点伤而已。但是，如果那位有理想的、名叫荷马的可怜家伙在黑暗中留下片言只语，然后才辞世，那么这片言只语会在黑暗中闪闪发光，最后变成一颗明亮的星星。

你注意到了吗？这位被驱逐的名叫但丁的倒霉鬼、这位名叫埃斯库罗斯的流放者、这位名叫以西结的囚徒，还有这位长着翅膀的名叫塞万提斯的断臂者，以及名叫普劳图斯的奴隶和名叫卢梭的仆人，他们是卑贱者、残缺者、低下者，但他们却代表了力量、最高层次的力量，即思想。还有粪堆中的约伯、蔑视下的莫里哀，他们都代表了思想。尽管他们历尽坎坷，但那只是一些偶然事件，不过是过眼云烟！丝毫不会减弱其思想的深远影响，毕竟思想有最后的发言权。

这些被人们误当做现实的表面现象、这些帝王将相都将消失，只有应该剩下的东西剩了下来，即人类的思想和天国的思想，它们是真正的工匠完成的真实的作品、应当补充和丰富的社会事业、寻求真实的科学、创造美的艺术、对思想的渴求、人类的苦难与幸福、追求更好的生活。现在人们面临一些实际问题，如何在智慧中求进步和通过智慧求进步。当人们发现哲学是一种粮食、诗歌是一种需求、是面包之外的面包，发现不要诗人就等于不要文明，这时他们就请诗人、先知、哲学家、思想家来帮忙。总会有一天，人们必须重视曾经的丑角莎士比亚和乞丐以赛亚。

他们已经死去，却无处不在。这些人死了反而获得了更强的生命力。也许人们会问，关于他们我们知道些什么？他们是什么人？他们是怎么生活过来的？真正有约伯这样一个人吗？荷马是一个人还是几个人？对于他们我们知之甚少，甚至毫无所知。但这又有什么关系呢？诗人已逝，思想长存。他们存在过，并将继续存在。

其他人一旦逝世，便永远长眠；而天才即使辞世，也仍在工作。他们如今在我们当中的影响比他们生前还要多。他们的工作对象是我们的头脑，他们缔造了文明。上面那几句留言适合那些武士，对于天才并非"一切都在六尺地下告终"，而在那里萌芽、开花、生长、迸发，一切从那里涌现。

请躺在坟墓中，消失，安息，然后腐烂。那些身穿盔甲、策马佩剑的常胜将军生前金碧辉煌、吹吹打打、旌旗飘扬、叱咤疆场，群众欣赏的正是这些，以为自己看到的是伟大。但是，等他们一死，差别就显示出来了。思想家在世时，他的血肉之躯就如同笼罩在头顶上方的云雾一样，使他们与别人间隔开来。一旦辞世，死亡就像阳光一样突然到来，用其曙光照透了此人，使其不再有血肉之躯、不再有物质、不再有阴影，使其身上的未知因素显示出来并且发扬光大。因此，才智之士只有死亡、只有变为鬼魂之后，人们才向其倾倒，对其顶礼膜拜，他们的著作才会以不可抗拒的力量吸引人们去阅读。

似乎人活着时都是自私的，于是人与人之间相互提防。天才也一样，人们与他同行，所以对他有异议，因为他像你我一样在地球上徒步而行，但他与别人不一样，他太深沉，遮住了别人，阻挠了别人，因而遭到厌弃。他的确有些过分，活着并且还是天才。人们对他们却毫无办法。他就如同特权人物，如同无法撤职的"公务员"，迫害只能是抬高了其身价，杀头就等于是给他加冕。反对他、赞成他都无济于事！他负责任，但不是对你们，而是自己发号施令；还有，对于他所创造的东西可以探讨，但不许修改。天才似乎得到了上帝额外的青睐，这令其余的人不快，因此他们得到的批评要比赞扬多。

人死之后就无碍于世了，所有的赞扬与批评都已无用了，于是一切都宣告结束。他活着时是竞争对手，死后反倒成了行善者，成了"不可补偿的人"。比如，伏尔泰在18世纪就很伟大，到了19世纪他去世后，人们对他更加尊崇。坟墓如同熔炉一般，即使在他的坟上撒一把土，也能使其名字变得更纯洁。伏尔泰失去的是他的荣誉中虚假的部分，经过时间的过滤留下的是真实。失去虚假的赞誉其实就是赢得了真正的尊敬。伏尔泰不是抒情诗人，也不是喜剧诗人、更不是悲剧诗人，而是旧世界愤怒多情的批评家。他温和地改良风俗，他是使人类变和善的人。作为诗人，他被贬低；但作为使徒却得到人们的尊崇。像但丁、莎士比亚这样创造美的人，他们都在伏尔泰之上，但作为哲学家伏尔泰的地位还是很高的。除了文学上稍微逊色之外，伏尔泰是位优秀的评论家。在生前，虽有辱骂者，但他还是受到崇拜；如今他当之无愧的受到赞赏。在 18 世纪看到他的精神就等于看到他的灵魂。普鲁士国王腓特烈二世讽刺他，但在信中说道："伏尔泰像小丑做戏。本世纪好像旧时的宫廷。它有一个弄臣，就是伏尔泰。"这个本世纪的"弄臣"就是世纪的智者。这就是死亡对于伟大的天才所产生的作用，他们的出世留下的是光辉，死亡却产生了权威性。

莎士比亚是英国的光荣，他在英国历史上的地位就如同政治家克伦威尔、哲学家培根以及科学家牛顿一样重要。他们都是崇高的天才。但是，克伦威尔残暴，培根的风格比较低下，牛顿的体系现在正被颠覆。而莎士比亚是纯净的，克伦威尔和培根并非如此；莎士比亚是不可动摇的，牛顿也并非如此。作为天才他的地位更高一些。这是因为，在牛顿之上还有科学家哥白尼和伽利略；在克伦威尔之上政治家丹东和波拿巴；但是对于莎士比亚而言，与其比肩的人物不少，但没有任何人在其之上。一个国家拥有这样的人物是何等荣耀，他的诞生地是幸运之地，永恒的光辉照耀着这孕育天才的摇篮。它的荣誉确凿无疑，而荷马有七座城市竞相成为天才的诞生地。

莎士比亚是人类的智者，也是英国的才智之士，他极具英国风度，这种风度是如此强烈，以至那些由他搬上舞台的伟大的英王，相较之也显得逊色不少；但这位英国诗人是人类的天才，莎士比亚是天才中的天才，他蕴含了人类的全部。

英国是一个自私的岛国。它埋头于自己的国事，引起别国人民的不满。它欠缺一种伟大而无私的精神。正是莎士比亚赋予了自己的祖国这样的精神，他将光荣加在了自己祖国的双肩上，这是因为：在天才方面，他汲取众家之长；在声威方面，他的名声远播四海，他的影响已经越过孤岛、超越了自私的心理。正是莎士比亚使英国看上去更加美丽，使其有别于那些野蛮的国度！

天才的出现具有多么伟大而深远的意义啊！像斯巴达这样一个建立在岩石上的残酷而冷淡的国家，从来没有出现过一个这样的诗人，因此也没有书本。永恒的播种者是从不会弄错的，尽管他手里握满了各种天才，但他是不会将其撒向贫瘠的土地的，这就等同于不能将上等的小麦种子撒向岩石一样。但是，斯巴达拥有岩石一般的英雄精神，缺少的是那种无法形容的柔情，要是他像英国一样具有柔情的话，当这种柔情与崇高交融，那他肯定会产生像莎士比亚那样伟大的诗人。

英国高于那些崇尚武力的国家，如斯巴达，它有幸能够产生像莎士比亚这样伟大的诗人这纯属例外。正是因为孕育了莎士比亚，这才使英国变得更加的伟大。莎士比亚是天才中的天才，是精英，他和不时诞生的天才们一道为人类和文明增添光彩。他的力量抵得上千军万马，他单枪匹马就抵得上我们法国辉煌的 17 世纪或者差不多抵得上 18 世纪。

如果你到英国，寻找的第一件东西那便是莎士比亚的雕像。如果你坚持的话，就会被带到威斯敏斯特。那里有无数的帝王之像，也有一个"诗人之角"。在四五座金碧辉煌的帝王纪念碑的阴影下，经别人指引，你就会看到在一处小像座上的一尊小雕像，下面刻有："威廉·莎士比亚"的字样。而且，在英国处处都有雕像，不管是做了好事的还是做了坏事的，居民都会出资为其树立雕像，就连不重要的将军也有雕像。可是像莎士比亚、弥尔顿、牛顿、拜伦这样崇高的天才却很少有东西留下。像英国这样一个声名卓尔、极为强盛的国家，怎么会落到如此地步呢？

尽管作为这个民族的探路者和向导的英国新闻界是自由的、独立自主的，他们也出版报纸阐述各种各样的问题，但这一点作用也没有。英国就像法国、比利时、奥地利、俄国一样，树立了一些不合适的雕像。更夸张的是，据说一位 20 岁的小伙子勇敢地娶了一位漂亮的姑娘，竟然有人为他建了凯旋门。在这个年轻人经过时，甚至有人高唱"光荣归于祖国"，人们争先恐后地去看热闹，以至于万人空巷，为此挤死 7 个女人和许多儿童，100 多人也差点窒息，立即被送往医院……

哦，上帝啊！这里竟然成为"愚蠢"的发源地！

第二节　莎士比亚在英国

莎士比亚先是在外国获得了崇高的荣誉，然后他的影响才从国外波及国内。在莎士比亚逝世 300 年后的某一天，在多佛港举行了进入英国的"登陆仪式"。英国才听见全世界冲它高喊威廉·莎士比亚的名字。

英国是什么？女王伊丽莎白一世就全面代表了英国，她终身未婚，贞洁无瑕如同英国这座孤岛。她用奇特的虚伪显示出骄傲和大度，如学究那样伟大；她高傲、谨慎却又大胆；她下有宠臣，上无主子，即使在睡床上也是自己主宰一切。像英国作为岛国一样，她自封为"海洋女王"。海洋这可怕的深渊在捍卫着这孤岛和这贞女，也保护着这羞耻心。如女王一样"独身生活"，这就是英国的全部特色。联合可以，结婚则不可能。就这样，这位出色的女王和伟大的国家单独生活、单独行事、单独统治、单独存在。

莎士比亚刚好相反。他是一位深得人心的天才，是一位自由诗人。孤岛精神是他的外表，并非其真正的力量。他非常愿意突破这孤岛。如果向前再跨一步，莎士比亚几乎成为欧洲人。他喜欢法国并且称赞它为"上帝的士兵"。

英国有两本书：莎士比亚的作品和《圣经》。英国造就了莎士比亚的作品，而《圣经》却"创作"了英国。这两本书难以彼此相融，《圣经》反对莎士比亚。作为一部伟大的文学作品，《圣经》是东方宏大的剖面，比莎士比亚的作品更加富于诗意；因此，《圣经》应该能够与莎士比亚和睦相处；但从社会和宗教观点方面来说，《圣经》排斥莎士比亚——他的思考、遐想、怀疑。不仅如此，莎士比亚的作品中还有发明创造的部分，宗教信念排斥想象力，这便使他们彼此难以相容。宗教信仰只喜爱自己的寓言，不喜欢与他人为邻。据悉，一位英国圣公会的主教，只用了一句话就彻底否定了荷马："那一点也不真实。"况且作为"撒谎者"的莎士比亚，较之荷马有过之而无不及。

根据两三年前的一家报纸记载：一位法国的作家竟以高达40法郎的价钱出售了一部小说。这件事在英国引起了极大的轰动，一家正统报纸震惊了，并且发出感叹："一部谎言怎么会卖这么高的价钱！"而且，在英国"不干净"和"令人反感"这两个威力无穷的形容词是专门针对莎士比亚的，以防止其作品传播。但是如果大家稍加注意就会发现，《圣经》这部神圣的著作里，在许多情况下，先知们也会怒气冲冲，粗话连篇。然而，英国人虽然熟读《圣经》，竟对此毫无察觉。宗教狂热者故意装聋作哑，对此熟视无睹。

另一方面，莎士比亚像所有的诗人一样，有点儿像异教徒；他认为清教徒主义的"听觉灵敏"，并且对待人和事不能做到前后一致和容忍。如他们意欲将谁逐入地狱，根本不会讲道理。其实，莎士比亚有时措辞粗俗与《圣经》如出一辙。因此，英国固执地对莎士比亚抱有非常冷淡的态度，人们沿袭了伊丽莎白女王对莎士比亚的冷漠态度。但愿我们是"杞人忧天"！我们比英国人更关心英国的荣誉问题，希望这不会冒犯英国。

英国有"桂冠诗人"这个古怪的制度，这从某种程度上来说是为了展示官方的赞赏以及举国上下的赞赏。

到了19世纪，除了在教堂可以使用"上帝"一词之外，其他人在任何地方都禁止使用，甚至在谈话中，也用"天"来代替"上帝"。如用"朱庇特"、"耶稣"等词来代替"上帝"这也很奇特。况且，这样做在剧本里会造成歧义。因此，现在不管在英国的哪个剧场，在演出莎士比亚的剧本时，凡是遇到有"上帝"字样的台词都要删去。

对莎士比亚清教徒式的语气批评目前已大有改观，但这种诟病还未彻底治愈。例如，许多年前，一位英国的权威的经济学家，他在谈论社会问题之余，谈论到了文学，曾大言不惭地说道："我敢断言莎士比亚不能生存，因为文学上能够存在的东西必须是能够直接观察的、必须是当代的作品，而莎士比亚的剧作，不管是《哈姆雷特》、《奥赛罗》、《罗密欧与朱丽叶》，还是《麦克白》、《李尔王》、《裘里斯·恺撒》、《科里奥兰纳斯》、《雅典的泰门》等，其题材不是外国的，就是古代的。"不知您对这说法是怎么看的，我们暂且不说这评论在英国有无赞同者、在法国有无传播者，这位经济学家不但排除了莎士比亚在文学上的"生存"，还排除了诸如席勒、高乃依、弥尔顿、塔索、但丁、维吉尔、欧里庇底斯、索福克勒斯、埃斯库罗斯以及荷马这些天才在文学上的生存。哦！批评家呀，你怎能说莎士比亚在文学上"不能生存"呢？他是永垂不朽的！

还有一位苏格兰派的清教徒，他认为哈姆雷特的经典独白——"生存还是死亡，这是一个问题"是"冷漠的抒情调门儿"；他还说莎士比亚的比喻只不过是让婴儿高兴的"小彩画"；并且很鄙视地说："莎士比亚自始至终都在涂抹这种小彩画。"真是无知、无耻至极啊！

1864 年 1 月 13 日，英国一家知名报纸——《每日电讯报》的记者对读者进行了调查，当问道：莎士比亚和当今的刽子手哪个更有名？报纸这样写道："在英国这样一个开明的国家，在有些地方，如果你提到莎士比亚的名字，人家就会问道'你们大肆宣扬的这位莎士比亚究竟是什么人呢？'"

迄今为止，英国还没有为莎士比业竖立纪念碑；与此类似的情况是，法国也没有为民族英雄贞德竖立纪念碑。我们应当痛斥这种忘恩负义的行为，因为不论是一个人还是一个民族都要有良知。无知只不过减轻责任的一条理由罢了！这种不公正能够延续几百年，虽然是政府的过失，但也是全国的失误。现在，我想如实地告诉人民：英国和法国在这件事上都错了！

讨好人民是一种低下，讨好帝王是一种卑劣，前者比后者更坏。因此，这里我干脆说得更透彻一些吧！各国人民都无权将这责任推在政府身上。虽然人民是被压迫的对象，但是如果他们不起来反抗，接受压迫者的压迫，那么就成了压迫者的同谋，像他们这样逆来顺受是可悲的！

顺便说一下，伏尔泰对莎士比亚和贞德持否定态度。在法国大革命之前，他代表法国精神，大革命之后的法国更具博爱的精神。伏尔泰是毁誉参半的伟人，他对贞德和莎士比亚讽刺正是他的败笔，并且因此而受到了历史的惩罚。

莎士比亚的任何一部作品，都是他思想灵魂的体现。无论是喜剧作品，还是悲剧作品，其中塑造的任何一个人物形象所具备的思想性格都是他思想的一部分。他的作品就是自己的雕像，他的作品遍布英国，他的雕像也同样遍布英国。这雕像不是用石膏雕成的，更不是用金属雕成的，而是用一种特殊的材料——文字雕刻而成的，他永不磨灭，永垂不朽。对于这样一位文学巨匠，连金字塔都不需要，难道还需要为他竖立纪念碑吗？

莎士比亚，我们伟大的诗人获得了荣誉，我们还能让大理石为他做什么呢？青铜对他还有用吗？他的那些不朽的作品比什么大理石、比什么青铜更加坚不可摧！《冬天的故事》、《暴风雪》、《温莎的风流娘儿们》、《维洛那二绅士》、《裘力斯·恺撒》、《科里奥兰纳斯》等作品难道不抵一块大理石或者青铜的纪念碑吗？难道还有比《李尔王》更宏伟的纪念碑吗？在文坛没有比《威尼斯商人》更了不起的建筑物，没有比《罗密欧与朱丽叶》更令人目眩的屋宇，没有比《查理三世》更曲折难行的迷宫！请问，有什么月亮，能比《仲夏夜之梦》朝这座建筑物投下更加扑朔迷离的光和影？有什么首都，能像《麦克白》动荡的灵魂那样，在自己周围鼓动起如此不绝于耳的喧嚣？就是伦敦，也无能为力。有什么样的大梁能像《奥赛罗》那样日久天长？有什么青铜能比得上《哈姆雷特》呢？

诗人的这些作品，是诗人灵魂构建的一个无法摧毁的宏伟建筑，任何物质的建筑都不能与之较量，哪怕是金字塔也会在它面前显得微不足道。天才的脑袋里面装着思想就是其艺术的顶峰，不用砖石堆砌，那纯粹白费力气，这是天才的灵感，是上帝通过人发出的气息。任何物质的建筑，都无法与天才的思想相提并论。我们伟大的诗人——莎士比亚，他的名字就是一座高高耸立的圆塔，纪念碑在它面前显得多么的苍白无力啊！

如果给才智增添一些别的东西，再假设把它与诗人的思想联系起来，正如将莎士比亚与英国联系起来，从中就会涌现出一座大厦。其中有一座光芒四射、美妙无比的纪念碑，一座凯旋门，或一座胜利碑，或一个圆形广场中间放置的像座，或一座大教堂。在英国人心目中，任何一个国家的人民都不比英国人民更出色、更高贵、更杰出、更大度。在这样一个国家纪念莎士比亚这样一个人物，将会是一件了不起的事。

假设前面所说的纪念碑存在，要举行揭幕典礼，有贵族们莅临，有议员们参加，有主教们司祭，有王公们结队，有举国敬仰的女王驾到，她在思想的威严面前低下了她那代表物质威严的高贵的头——她向我们伟大的、充满智慧的、举世无双的诗人、剧作家莎士比亚致敬。此时，维多利亚的礼节弥补了伊丽莎白的轻蔑。在礼炮鸣放、幕布落下的一瞬间，雕像露出来了，好像告诉世人说："啊，终于揭幕了！"她在无尽的黑暗中生长了300年，300年啊，多么漫长的时间，那是巨人成长的时期。

如今，人们用了所有的青铜，完成了一座无与伦比的、美丽绝妙的雕像。此时，钟声、鼓声、乐队齐奏，还有雷鸣般的掌声。但这些会为英国增光，对莎士比亚无关紧要，没有任何关系，因为他已经拥有了永恒的欢呼，拥有了几个世纪和所有人的欢呼，至于王室、贵族、军队，甚至英国人民的敬仰又能如何呢！当举世要求英国为莎士比亚树立一座纪念碑时，不是为了莎士比亚本人，而是为了英国。正如这种情况——有时偿还债务对欠债人比债主还要重要，因为，无债一身轻。

一座纪念碑具有榜样的力量，而伟人就像路人头上的灯塔，尤其是伟人高昂的头，对路人而言是一种光明的象征。对路人而言，他们知道伟人存在着是好的，他们没有时间读书，却有时间观看。当他们走了过来，看到了像座，于是习惯地、自然地抬起头来，先看看刻着的碑文，从而认识了莎士比亚，了解了莎士比亚。路人可以忽略书本，却不可能对雕像视而不见。对于一个农民来说，也许他对高乃依的作品一无所知，但他知道雕像是何许人也。对他来说，高乃依不过就是一座雕像。

了解伟人，对人民是很有必要。一座雕像的作用是不可低估的，它激发了人们了解所雕刻的人物的渴望。因此，创造这类纪念碑，既对人民有实用意义，同时，也是全国性的公正举措。既然做有益公正的事能引起英国政府的兴趣，能吸引英国人民，对莎士比亚，英国政府更应如此。但他亏欠莎士比亚，让这样的欠债久拖不还，有损于高贵的英国人民的自尊，这不是一件好事，不值得提倡。所以，在人民表示感激的时候及时还债，才是很好的德行。要忠实，就要有热情，热情和忠实相当。当一个人为国家增光添彩时，就是对国家的热情和忠实。如果一个国家连这一点都看不到或意识不到的话，将会使整个世界乃至整个人类感到不可思议，感到悲哀。

可以预见英国将为莎士比亚竖立纪念碑。莎士比亚是英国自己的诗人，是英国文坛乃至世界文坛的一颗无比璀璨的明珠，为这样的人树立一个纪念碑太值得了。

在我们即将写完这几页的时候，伦敦决定庄严纪念莎士比亚诞辰 300 周年。为此，还成立了一个相关的委员会。委员会决定于 1864 年 4 月 23 日，将一座纪念碑作为节庆礼物献给莎士比亚，这两件事超出了我们假定的不完整的方案，委员会决定竭尽全力地策划、实施，并付诸十分出色的赞美行动。

这个曾经兴建过比凡尔赛更加光彩夺目的宫殿的民族，无论怎样预期、无论策划的怎样有规模都不过分。委员会采取的富有创意的议案带动了政府当局。我们将排除开展任何募捐活动的想法，因为募捐往往带有党派性质。为莎士比亚做的，应当举办全国性的活动。在活动当天应放一天假，并将这日子定性为公共节日。为莎士比亚应该建立大众性的纪念碑，并且由议会出面表决通过，将该项目的经费列入政府预算，就像为国王举办活动一样。

是的，将这位代表英国的人与英王不能相提并论，然而，我们的诗人在英国文学上的作用确实不言而喻，却又确实不可磨灭。我们应该对该委员会表示充分的信任，并让新闻界、贵族院、文学戏剧界和教会的杰出人士参加委员会，成为委员会成员，让各国，包括法国、德国、比利时、西班牙、意大利的出色人物和知识界的代表补充到该委员会，让他们从事、参与委员会策划的有关纪念莎士比亚的活动事宜，无论从哪个角度来说都是合格的，甚至是完美的。

另外，在艾冯河畔的斯特雷福再建立第二委员会，用来协助伦敦第一委员会的各项工作，使得该纪念活动的各项事宜顺利开展和有序进行。这是多么值得做的一件事啊，明智的英国、伟大的英国，我们为你表示祝贺！

虽然人民的耳朵常失灵，然而他们却长寿，他们听觉不灵的

毛病并非不可救药，他们完全来得及改弦更张，英国也开始重视
"莎士比亚"这个名字。在全世界向英国指明了莎士比亚的重大
意义时，英国人终于开始朝着自己光荣的一面反省、觉悟了。在
莎士比亚100周年诞辰、200周年诞辰时，英国正处于糊涂时期，
正干着糊涂的事。

　　在1864年4月莎士比亚诞辰300周年即将到来时，英国人
正朝着自己光荣的一面觉醒，决定将为莎士比亚竖立雕像，纪念
莎士比亚。虽然晚了些，但这是很好的事，因为这使得莎士比亚
在英国复活了。

第八章　追寻历史的真实

真实的历史肯定武士和帝王的作用，

野蛮需用野蛮来对待。

而真正的历史将探寻深层的原因，

在哲学和科学方面，

研究人类发展的推动力，

重视思想发展的洪流。

智慧的事件将被着重研究，

思想的征服者会超越

那些开疆拓宇的人。

促进人类思考的人，

才是真正的征服者。

第一节　一个崭新的世纪

19 世纪是仅属于自己的世纪，它没有得到来自前人的推动力。它是一种思想的产物，自成一家，它的家庭中只有一名成员，即它自己，它的本性决定它不需要祖先。虽然我们知道以赛亚、荷马、亚里士多德、但丁、莎士比亚曾经是或者可能是重要哲学或诗歌团体思想的来源。然而，19世纪有一位庄严的母亲：法国大革命，它的血管里流着伟大的血液。19世纪尊崇天才，因此，当天才受到不公正的待遇时，它都为其据理力争；当天才被埋没时，它向他们致敬；而当人们无视天才时，它就予以肯定；当天才遭到迫害时，它就为其复仇；当天才受到侮辱时，它给他戴上桂冠；当天才从像座上被赶下时，它就重新将其扶上去。它尊崇天才，但并不源于天才。

它本身就是天才，因而能与天才和睦共处。至于天才的来源却在人类之外。进步的孕育是神秘的，它依据上天的规律承前启后。19世纪是现代文明的果实，它呈现给世界一个崭新的欧洲大陆。法国滋养了这个世纪，而这个世纪孕育了整个欧洲。希腊群体曾经是文明的代表，但其狭隘而局限；随着文明的逐渐拓展，希腊群体扩大为罗马群体，直到今天发展到法兰西群体，以致囊括了整个欧洲，甚至也逐渐将美洲、非洲以及亚洲纳入其中。

法国从18世纪就开始协助美国步入文明，在美国建立一个民主国家就是最伟大的开端。法国是人类进步事业的伟大尝试者，他在欧洲建立共和国之前，就在美洲建立了一个共和国。它为了人类文明的进步披荆斩棘，似乎突然间由于"善"而将自己变成了多头怪蛇，有100只胳膊、100个脑袋、100条火蛇、100种吼声！这就是所谓的法国"大革命"。

大革命承前启后，结束了一个世纪的同时又开启了另一个新的世纪。没有比这更庄严伟大的事情了！

在18世纪，智慧的进步推动并酝酿了政治事件。此后，已获成功的政治革命为了寻找自己的表达方式，又引起了文学革命和社会革命。曾有人满怀敌意地指出：浪漫主义和社会主义是同一件事，事实的确如此。世间的事情往往是这样：因为仇恨而来的辱骂，却肯定了事实，并在力所能及的范围内进一步使人们更加明了事实。

值得一提的是像所有的战斗用语一样，浪漫主义概括了一类思想。它前进得很快，因而在战斗中是受欢迎的。但它似乎将所代表的运动限制在"斗争"上面。实际上，浪漫主义运动是智慧的行动、文明的行动、灵魂的行动。

因此，在笔者所执笔的评论文章中从未用过"浪漫主义"或者"浪漫的"此类用语。今天主要是为了流畅地表达自己的观点，并且是带着极大地保留意的基础之上，才违背了以前论战中的谨慎态度。至于"社会主义"一词也可提出类似的看法，但它导致了许多彼此相异的解释。

19 世纪文学、哲学和社会的三重运动，实际上是同一运动，是革命潮流在思想上的反映。这种潮流在引起政治事件之后，就在思想领域中产生广泛的影响。虽然有时为了辱骂而称为"文学上的 1793 年"，但这却反映了这一文学运动的来源。

大革命是人类社会环境改变的转折点，它是由若干个年代组成。每一个年代代表着一个时期，代表着革命的一方面。1793 年是悲惨而伟大的一年，它给人类带来好消息。因此，如果有人斥责"你们是 1793 年的人"，应将这种辱骂视为荣幸。

你们可以去"起诉"文学，你们可以爱它、恨它、侮辱它，甚至可以"起诉"它，也可以欢迎它，这都没有关系，不会对它产生任何影响。文学是逻辑的结果，是我们的先辈带来的世界新起点，它包含有民主。大革命锻造了革命的号角，19 世纪吹响了这号角。因此，让我们勇敢地承认我们是革命派。

当代的思想家、诗人、作家、历史学家、演说家、哲学家都毫无例外地起源于法国大革命。他们没有其他的源头，大革命就是他们的父母；他们是思想的民主派，也是行动民主派的继承人；他们还是解放者。在摇篮时期，他们就接受自由思想的熏陶。他们都吮吸19世纪这伟大的母亲的乳汁，这乳汁滋养了他们的心，这样的思想深入骨髓。他们的意志中有这样的活力。他们在理性中也有这样的叛逆，他们的智慧中也闪耀着民主与自由的火花。

他们当中有些人出身贵族，从小受到贵族式的启蒙教育。直到有一天真理的积累达到了一定的极限，如火山般迸发，并在他们心中开花结果。但光明不是照耀在他们头顶，而是在惊异之际在他们身上迸发出来，点燃并照亮他们，不知不觉中他们成了火山口。

于是，人们责难他们，认为他们背叛了传统。他们确实抛弃了过去虚假的历史、虚假的社会、虚假的传统、虚假的教义、虚假的哲学、虚假的光明以及虚假的"真理"。自由的思想翱翔了，这惹恼了那些无知的贵族。就好像耳聪目明、身体健康的人，仅仅因为能看见、能听见便冒犯了盲人、聋子和双腿残缺者。对于侏儒来说，其他人的健康发育是对他的背叛。

19世纪的作家和诗人肩负着前所未有的重任，即自觉进行改革并直接传播文明。他们的责任是复杂的：除了思考，还必须爱，必须行动，必须受苦受难。他们要做的工作就是要在雷鸣电掣中打倒篡位者。

因此，伟大的诗人和作家们，请放下你们的笔，穿过街垒，到听得见枪声的地方去吧！即便是流放地和断头台也请勇敢地接受吧！当务之急更要酝酿思想、积累事实、建立各项制度。要追求真理，争取权利，直至达到最终的目的。

有人在忍饥挨饿，有人在遭受痛苦，人类不能再浪费时间了，要快点消灭那些吞噬者、解放那些受苦受难的人们以便解救我们的社会。

因此，天才们，诗人们，让我们都去发现、去寻找最佳的出路；让我们尝试各种理论、各种制度、各种改进办法、各种发明、各种进步手段，直到找到适合人类的、文明的体制。

当务之急要做的工作就是传播光明，敞开智慧之门，让灵魂自由地呼吸吧！

哦，思想家们，请满怀希望和理想，请造福于人类吧！尽快让人类自由呼吸吧！你们已经做出了很多，但仍需继续努力以取得更大的成就。请团结一切可以团结的力量吧。请缔造文明的诗歌，没有比这更值得赞美的事情了。

梦想者要成为真正的开拓者，美应当为正直服务。我服从于自己的良知，紧跟着良知的召唤行事。哦，真理你才是这个世界唯一的统治者。诗歌就是医生，一本书有时就是大家期盼的救援。

请大家谁也不要耽误，我们共同奋斗，竭尽全力。因为也许在我们不经意的散漫当中，那些受苦难的人正在气绝身亡。不要为您的辛苦奔走而抱怨，这世上没有白费力气的事。人的责任就是要促进生存，因此，不能再等待了，也不能再犹豫了！

但是仍有许多苦难！这 10 年、20 年以来，娼妓、乞丐、罪犯的数字一点也没有下降；真正的、免费的教育仍然毫无起色。这时人们觉得这社会反而退步了。有时人们甚至走进树林并大喊："救命！"要求大自然伸出援助之手，真希望这万物细声能变成人声，希望这神秘的力量也加入对进步事业的追求之中，希望夜莺也高唱《马赛曲》！

当然，出现这样的停顿完全正常。各国人民在前进中都会有暂停、有喘息，就像四季变化之中也会出现冬天一样。但人类还是迈出了1789年这样的一大步。因此，失望是幼稚的，绝望是荒谬的，而促进却是必要的。

各国作家的职责是促进、唤醒、建议，这就使19世纪的文学具有独特和强劲的特点。许多高尚的有识之士已经做到既忠于艺术的各种规律，又使它与进步的规律相结合。

法国大革命就像熔炉一样使法兰西变得崇高，使巨人变为大天使。因此，大革命就成了文明的代名词，直至后来"协和"一词取代了它。

这里我再强调一下，没有必要到其他地方去寻找文学的发源地和诞生地，因为不管我们身在何方、创作何种作品、为何人抗争，我们都是法国大革命的儿女。

当代的有识之士向所有为自由和真理而奋斗的天才和诗人致敬，他们赞赏你们的一切，但不盲从。他们的职责与你们当年的职责大不一样，他们正处在人类的壮年，这与你们的那个时代已完全不同。

在理想的光芒之下，我们看见美与真的庄严结合。你们是古老的天才，不管是当代还是未来的天才都不会超越你们。对他们而言，最大的奢望就是能与你们相当，因此，他们必须像你们当年一样，满足当代的需要。作为大革命的儿女，他们有着神圣的任务，他们不接受任何来自前人的指引，甚至也不接受你们的光辉。但他们追随你们，直接观察、直接创造、直接了解人类。他们和你们一样，除了忠实于自己的灵魂，唯一的出发点就是上帝。无垠的世界就是他们作品创作的源泉，大自然和艺术都源自那里。

　　笔者大约 40 年前创作的《〈克伦威尔〉序言》中就已经宣告："19 世纪的诗人和作家既没有师长也没有楷模。"在各国人民集体创造的艺术海洋中，在世代相传的伟大作品中，他们既没有老师没有楷模，甚至连埃斯库罗斯、但丁、莎士比亚也不在其中。为什么是这样呢？因为他们的楷模就是人类，他们的师长就是上帝。

第二节　追寻真理

　　我们可以肯定：如今，那些曾经照亮世界的光明已逐渐暗淡了，古老的火炬将渐渐从这个世界消逝，新的星座即将诞生。

　　武士靠制造恐惧赢得欢呼，他们身后拖着一团喧嚣的恐怖之光出现在人们面前。他们不是照亮夜空，而是在空中放了一把火。他们想征服永恒无垠，却在他们自己的所谓荣光中迅速崩塌。他们相互仇视，当中夹杂着的是刺目的颜色，那是统治者的红袍吗？还是鲜血？他们满面怒容，如电闪雷鸣般的攻击不绝于耳，所有者一切都以令人可怖的姿态悬挂在我们头顶。所有这些悲惨的微光充斥着昔日的历史，如今都已衰落。

　　战争、暴政、奴隶制、断头台，这些都已不在；少数人统治所有人，那所谓的神权也即将结束。世袭的统治阶层，虽然在少数地方还在延续，但也不过是苟延残喘。农奴、无产者、贱民口中的话语明天就会为众人所接受，并将成为斗争的口号。那团塞在人类口中的棉花已经不能阻挡人们呼喊了，人类已经历了太多痛苦，如今拒绝再继续沉默忍耐。

　　从现在开始，暴君将不可能再出现在人类历史当中。法老已是木乃伊，苏丹成了幽灵，恺撒不过是赝品。属于武士的历史时期已经过去，他们的确曾荣耀一时，但那不过是转瞬即逝的荣光。这类伟人将在人类进步的过程中消逝，文明将迅速将这些青铜塑像侵蚀。法国大革命已推动人类良知迅速发展至成熟，那种莫名其妙的英雄将不再被视为英雄。人们对一些将帅的作用也产生争论；至于那些征服者，人们已不能容忍其残暴行为。像他们这种用粗暴冒充天才，虽然伟大却很拙劣。人们已经厌倦了这种依赖武力制胜的英雄及其敲锣打鼓的光荣，并对这种自相残杀的事件闭目塞听。这些伟大的杀人魔头已经过时，他们以后仍会很著名，但终将被人们遗忘。人类已经成长壮大，并要求摆脱他们。昔日成就英雄的贱民已经学会思考，他们不会为了所谓的荣誉而献身。

下面的这些数字有助于我们更加深刻地理解以上事实。从1791 年至 1814 年，在这长达 23 年的英法战争中，双方死亡人数达到 1700 万，相当于整个澳大利亚的人口总数。此外，战争期间，英国负债多达 200 亿法郎。如果将这笔钱用在社会建设方面，它足以改变地球的面貌，建设文明的社会并在全世界消除文盲和贫困。为了英国首相庇特组织反法联盟，进行反对法国革命的战争，陆军元帅威灵顿以在 1815 年滑铁卢战役中指挥英、普联军战胜拿破仑而闻名于世，这两位英雄让英国付出了 240 亿法郎的代价！英雄的代价实在太大了。相比而言，诗人的代价要小得多。财政数字就是英雄的劲敌，但是在很长的一段时间内，人们都不知道这就是成就英雄的代价。现在各国人民都学会精打细算了，他们知道挥霍终将导致堕落，于是他们学会了记账、算账，衡量收支两个方面。当人们认识到这赫赫战功得失利弊的两方面，就再也不为这类功绩而欢呼了。

武士的伟大即将成为过去。这并非是我们简单地否定他们。有的武士得失相当，功过参半，而有的武士，甚至绝大多数武士只有过失，他们只为"主子"效命。思想家就是裁判，他们应该拥有宽广的胸怀。如果要原谅他们的过失，唯一可以接受的理由就是：他们是因为愚蠢和无知而做了有损大多数人的事情。同时也要考虑到当时人类的智力水平和实际环境。

不能将暴君视为人类。暴君代表着限制、因循守旧、盲目，他们的表现形式就是宗教式的狂热；他们闭塞视听，各国语言汇合的表现；他们代表着争端，表现在度量衡和货币的多样性方面。暴君们有一个共同的名字——分离。统治从分裂中产生，分裂就是抽象状态中的暴君。

沙皇也不能被当作人类。他的种种暴行表明他们是疯子，而被沙皇统治的人们是愚昧的野蛮人。人民拥有自己的力量，如果眼睁睁地看着施暴，那就等于认同这种暴行。只要在场，就是参与，旁观罪行就是协助犯罪。麻木不仁是对罪恶行径的鼓励。要知道，任何犯人在犯罪之前都和某种腐败是同谋、是共犯。腐败的膨胀会导致压迫者诞生。狼是森林的产物，他的产生是源于一种无自卫的孤独，将沉默、黑暗、软弱、遗弃、孤立这种种特点集聚起来便产生猛兽。老虎也一样，它由于饥饿、利爪就会产生盲目性。这是它的个性、是生存能力的自然表现。坏事当中会产生坏人，所以让我们来纠正这些坏事吧！

我们言归正传吧，愚昧无知是我们减轻对暴君制度责罚的理由。愚昧的暴君何其多，他们是穿着红袍的纯属"乌合之众"。然而，在他们之外，有高于他们的天才的暴君，诸如：恺撒、查理曼、拿破仑，等等。在我们前面讨论过的限度内，对他们予以赞赏。然而，赞赏的前提是他们必须消失，让位给贤者、让位给更伟大的人！

这些贤者、更伟大者也非新人，他们的由来比这些暴君们更久远。因为思想是先于行动，所以思想家先于战士出现在人类历史的长河之中，但是他们的位置被暴力夺走。如今文明重新发出耀眼的光辉并承认他们是唯一的开拓者，他们的时刻终将来临，他们将大放异彩以至使其他的人群相形见绌。正如过去一样，未来是属于他们的，今后他们将继续得到上帝的认可。

毋庸置疑，历史需要重修。迄今为止，人类一直从事实这个角度来书写历史，现在应当从原则的角度来重新修订历史了。长矛刺中一只愚蠢的脑壳就会改变整整一个世纪的命运，帝王将相来去匆匆，相互更替。他们的所有艳史逸事，都无法辨别文明发展中的变化，无视权力、正义和真理，强令人类经历愚蠢的转变历程。

古老的历史都倾向于王公贵族，以事实为主的历史是如此的天真幼稚，这在一位土耳其历史学家和一位俄国历史学家的作品中最为明显。俄国历史学家对于沙皇也不客气，但是言语之中却为其开脱罪行。这整部历史所坚守的原则就是对成功者的"顺从"，英雄被厚待，尤其是国王。统治就是做"成功者"，英雄亦可以结局悲惨，这都是司空见惯的事。在这样的历史面前，天才必须充当成功者，天才不能摇摆不定，否则就遭人耻笑和辱骂。如拿破仑战胜时，人们尊称其为"大王"；然而战败后，他被流放到科西嘉岛，则被人不屑地称为"科西嘉的吃人妖魔"！

在英国，凡是效忠国王的人就是"正派人"；而如果你相信人民，则属于民主派，就是"不正派"分子；此外，如果要求普选制，那就是"宪章派"。假如一位共和人士从旁边走过，你可一定要小心呀！

古老的历史中荣誉和利益分割天下，统治者得到了荣誉，史官得到了利益，各取所需。这样，一切都属于这些寥寥可数的大人物，历史就是他们宅邸的看门人。除此之外，这样的历史对人类而言毫无意义。至于文明的发展和后退，那就要看英国安妮女王喝茶时的兴致了，历史就是在这样愚不可及的情况下被书写。

关于修筑道路、拖船早于汽船及其金矿的发现经过等这样的事情，历史一概没有记载，因为这些涉及的都是平民，这类人不能载入史册，否则历史就会"贱民化"。

于是现有的历史中产生了某种"公众的愚蠢"。只要你看看某出版社为小学出版的历史课本就会发现：几乎在任何国家，历史的地位都高于教育。历史成了各个世纪的司仪长官，这就叫作驯服。

在 1789 年以前唯一被官方核准的历史中，最优秀、最正派的叙史者，包括自认为思想自由者都仍然在机械地遵守纪律，用传统来修补传统，他们被动地接受已经形成的习惯；他们自认为是历史学家，实质上仍然被禁锢在史官的位置上，为皇帝所驱使而不自知。

人们教授、学习这样的历史，所有年轻人的头脑里装满了这类历史；叫小学生背诵的也是这等的历史。这历史留下了深深的烙印，使他们的思想深受其害，其中包括幼时的我。

这部历史中什么都有，诸如帝王将相，就是缺乏真正的历史；关于人民、法律、习俗，很少提及，文学、艺术、科学、哲学、世界的思想运动也不在其中。总之，一切关于人的事情也绝口不提。

文明不是以进步来取舍的，而是以朝代来划分的。这部历史常会提到某个国王的事迹，但对于真正的伟大人物却毫无涉及；

总说一些哪位国王继承了哪个君主，但对于发明家的继往开来，对于天才的群落却视而不见。他们能看见君嗣位的微弱灯光，却看不见文明创造者投向各个世纪的星河般的光明。在君王的历史记录中，文明缔造者投向诸世纪如星河般灿烂的光辉却被无视。没有一位历史学家解释人类进步的产生的来龙去脉。如果没有记住帝王传世，就会被视为是一种耻辱；相反，如果记住了一些科学家、哲学家，则几乎会成为贻笑大方的丑闻。

现在该是改变这一切的时候了。思想家应高于行动者，天才应走在英雄的前面。现在是将属于恺撒的归还恺撒，属于书本的归还书本的时候了。因为头脑就是顶峰，有思想的地方就有力量。全欧洲的整个宫廷加在一起还抵不上那些天才的一首诗、一部剧本、一本小说的作用大。

历史应该按照现实的尺寸来衡量每一种影响力，不能再给本是由诗人和哲学家的缔造的时代戴上帝王的面具。18 世纪是属于谁，是路易十四还是伏尔泰？请看看凡尔赛和伏尔泰的居住地就一目了然文明来自哪里。

一个世纪一种公式，一个时代一种思想。文明有自己的言语，这些言语就是各个世纪。文明在这个世纪的言语，在别的世纪不说。但内在的逻辑将这神秘的语句连成一片，构成了人类进步的历史。所有的这些语句都围绕着一个词语——博爱。

在某个地方，所有的光都会浓缩成火焰。同样，一切时代都浓缩为个人。人一旦逝去，时代也就结束了，属于这个人的这页也就翻过去了。各个时代都有自己的主导思想。但是具体的主导思想是什么呢？是帝王，还是思想家？是贵族阶级，还是思想？这就要靠你自己思考了。你要看清楚主导的力量在哪一边。

因此，现在应该大转弯，看看什么是真正的世纪。排在前列的是才智之士，排在第二排、第三排、第二十排是武士和君主，所有人都应当各得其所。一些高尚的有识之士已经开始改写工作，局部的修订已在进行，彻底的改写也迫在眉睫。他们要书写真正的历史，显现人类真正的面貌。

这就正如金币需要重新铸造一样，彻底改变。在人类历史的发展中，代表人类的将是人民而不是国王。当然，真实的历史不会否认英雄和帝王的作用。它将探寻深层次的原因，将从哲学上和科学上研究人类先后的推动力，更重视思想的巨流所带来的变化与影响。

在战场上拓展疆域的英雄将会在思想的征服者面前黯然失色。在未来的历史中，奴隶伊索和普劳图斯将高于帝王；某个流浪汉的作家将比某个获胜者更有分量；某个演员的作用将胜过某个皇帝。但是，为了达到这一点，必须要一个强有力的人来记载这一切。当然创作《神曲》和《哈姆雷特》这些杰作更有用，其中没有混杂任何恶行，也没有要文明传播者承担各国人民被镇压的负面记载。以上这种角色的颠倒将使各种人物显示真相，整个文明史也将得以校正，并从中涌现出权利。

人们将穿过层层迷雾清晰地看到真理，善、公正和美最终将高踞于文明的顶点。所有的顽石诸如寡头政治、贵族阶级、神权政治都将逝去，唯有理想不朽。在真理之光的照耀下，19 世纪的思想家将会去芜存菁，让真正的荣誉得以展现。光明的力量势不可当，新的历史长空将展现在我们的头顶。人们对因果逻辑有了新的理解，历史事实以崭新的面貌出现。

人类需要被引导而不是被支配，这就是历史的新面貌。改变过去似乎是不可能的事，但历史能做到，不是用谎言而是用真实来还原历史。历史曾经是一幅图表，然而它将变成一面镜子。对于过去的新认识必将改变人类的未来，真正的巨人将重返历史的舞台。降低英雄和被俘获者的地位，提高了思想家和爱好和平者的地位，这才是我们伟大时代的丰功伟绩之一。

请抬头看看吧，崇高的史诗即将出现，光明的雄狮正在驱赶挑起战火的乌合之众。有个声音在说："主子"们走开吧，解放者到来了！那些追赶人民的人、带领军队的人，还有那些粗暴的大人物正在消逝。他们已经快到地平线了，快要被神秘的黑暗吸引吞噬，这就是他们的命运，注定要消失、隐没在真理的光芒之中。等待他们的是遗忘和无尽的黑暗。

他们仓皇消逝在历史中，却不失昔日的威严。不要辱没曾经的伟大的人和事物，因为在埋葬英雄时再去嘲弄有失体统。在参加穿戴尸布的下葬仪式时，思想家应当保持肃穆，因为旧的荣誉已消退，让强者安息吧。对这些神秘的失败者应给予宽大，愿这些安静下来的好战的人平安逝去。

在蔚蓝天空的另一端，在最后一朵乌云消散之处，将冉冉升起光芒四射的一群人：荷马、约伯、埃斯库罗斯、以赛亚、以西结、菲迪亚斯、苏格拉底、索福克勒斯、柏拉图、亚里士多德、毕达哥拉斯、卢克莱修、普劳图斯、尤维纳利斯、塔西陀、圣·保罗、圣·约翰、但丁、谷登堡、贞德、哥伦布、米开朗琪罗、哥白尼、伽利略、拉伯雷、卡尔德隆、塞万提斯、莎士比亚、伦勃朗、开普勒、弥尔顿、莫里哀、牛顿、伏尔泰、贝多芬、华盛顿……这些伟大的天才将逐渐变得更加光辉灿烂，像是天国里的钻石璀璨无比。这些奇异的星座在晴朗光洁的天空中优雅地展现，而与这明亮的黎明曙光交织在一起缓缓上升的正是耶稣基督。

附录：莎士比亚作品简介

《哈姆雷特》

年轻有为的丹麦王子哈姆雷特有魄力、好思索、热爱人民，对人类抱有美好的希望。在德国的威登堡大学学习时，突闻父亲的死讯。不久，叔父克劳迪斯篡夺了王位，母亲在父亲死后一个月匆忙嫁给了叔父。

哈姆雷特回国奔丧，在一个寒冷、漆黑的夜晚，在城堡的露台看见全身披着盔甲的丹麦老王，鬼魂开口告诉了他自己被害的经过：克劳迪斯趁他在花园午睡的时候，将毒草汁灌入了他的耳朵，毒液流入他的全身血管中，就这样夺去了他的生命。

哈姆雷特得知真相后，精神恍惚，整天穿着黑色的丧服，一心想复仇。为了迷惑克劳迪斯，减少对方对他的猜疑，他把自己装扮成一个疯子。哈姆雷特想报仇又碍于母亲，同时他也不十分确信父亲鬼魂的话，非常苦恼。于是，他决心要证实克劳迪斯的罪行。正好宫中来了一个戏班子，他安排了一出戏，内容是一个维也纳的公爵被他的一个近亲在花园里毒死，这个凶手还骗取了公爵夫人的爱。演出时，他在旁边注意观察克劳迪斯，见克劳迪斯坐立不安，中途就离去。哈姆雷特确信了父亲鬼魂的话，决定复仇。

在克劳迪斯的授意下，王后召哈姆雷特到寝宫，责备哈姆雷特得罪了继父，哈姆雷特则反讥母亲背叛了父亲。俩人起了争执，哈姆雷特误杀了躲在帷幕后面偷听的波洛涅斯。克劳迪斯闻讯十分害怕，他以波洛涅斯的儿子要复仇为由，将哈姆雷特送往英国，准备借英王之手除掉哈姆雷特。哈姆雷特识破克劳迪斯的诡计，中途返回丹麦。

奥菲利娅受不了恋人发疯，父亲暴死的双重打击，精神失常，失足掉进水里，溺水而亡。哈姆雷特回国时，正赶上她的葬礼。哈姆雷特和雷欧提斯为谁最爱奥菲利娅而发生争吵，克劳迪斯挑拨雷欧提斯同哈姆雷特决斗，并在暗中准备了毒剑和毒酒。决斗中，哈姆雷特为对方的毒剑刺中，他夺过剑后也击中了对方。王后饮用了毒酒死去，雷欧提斯在弥留之际揭露了克劳迪斯的阴谋，哈姆雷特用手中的毒剑刺死了克劳迪斯。临终前，哈姆雷特要求好友霍拉旭留在人间把事实真相告诉世人，让人们明辨是非，伸张正义。

《第十二夜》

西巴斯辛和薇俄拉是一对孪生兄妹，二人长相极其相似。在主显节那日，兄妹二人在伊利里亚海上航行回家，结果海船失事。妹妹薇俄拉被船主所救，但是西巴斯辛则下落不明。

管理伊利里亚的是一位高贵的公爵，名叫奥西诺，他对伯爵的女儿奥丽薇霞情有所钟。但是奥丽薇霞因为先后丧失了父亲和哥哥，决定为其守孝七年，不与任何男子往来。为了寻找哥哥的下落，薇俄拉女扮男装，并化名西萨里奥，去当公爵的书童。因为其聪明伶俐，深得公爵的信任和宠爱。公爵因为不能得到奥丽薇霞的爱恋，心中苦闷，于是向薇俄拉倾诉其内心对奥丽薇霞的苦恋。但此时的薇俄拉已深深地暗恋着公爵。公爵派"西萨里奥"（即薇俄拉）再次去求见奥丽薇霞并转告他对于她的深情。

令人意想不到的是奥丽薇霞对"西萨里奥"一见钟情，并破例撩开面纱让"西萨里奥"目睹她姣好的面容。薇俄拉第二次奉命前去见奥丽薇霞，她便大胆地向这位"西萨里奥"表达了其爱慕之情，并且信誓旦旦说会永远爱他。薇俄拉明确地拒绝了她。在归途中遇见了另一位追求奥丽薇霞的男人，他视公爵为情敌，意欲挑战决斗。在这千钧一发之际，一位陌生人前来保护薇俄拉。

这位陌生人也是一位船主，名叫安东尼奥，正是他在大海上救了西巴斯辛。因为在战争中杀伤了公爵的侄子，公爵正在明令缉拿他。他只好躲在客栈，把钱袋交给西巴斯辛，但是西巴斯辛久出未归，他只好出来寻找，恰好遇到了和西巴斯辛长得一模一样的薇俄拉。无巧不成书，西巴斯辛正好这时走到这里，就遇到出来追赶"西萨里奥"的奥丽薇霞，于是被当成"西萨里奥"接回了家。西巴斯辛虽然感到莫名其妙，但还是接受了姑娘的爱情并且当即结婚。就在这时，公爵奥西诺带着薇俄拉前来拜见奥丽薇霞，这时衙役也带被捕的安东尼奥来见公爵。看见公爵身边的薇俄拉，安东尼奥以为是西巴斯辛，于是再次大骂他忘恩负义。公爵也看见奥丽薇霞对"西萨里奥"充满甜情蜜意，大骂"西萨里奥"是小人。当被告知"西萨里奥"已与奥丽薇霞结婚，公爵气愤地指责薇俄拉是个伪君子。就在这难分难解的时刻，另一个"西萨里奥"来了，大家十分惊讶。薇俄拉和西巴斯辛也很惊讶对方还活着，他们兄妹相认，并说明了一切。随后薇俄拉就成了公爵夫人，而西巴斯辛则成了奥丽薇霞的丈夫，两对新人在同一天举行了正式的婚礼。

《亨利八世》

英王亨利八世的宠臣，约克红衣主教伍尔西是一位野心勃勃的人，他骄横跋扈，独断专行，不把任何人放眼里。因此，他的所作所为引起满朝贵族大臣的非议。其中最为激烈的一位就是为人忠厚、效忠国王勃金汉公爵。于是红衣主教和勃金汉的仇恨日渐公开化。虽然人们支持勃金汉公爵，但慑于红衣主教的淫威，都为公爵担心。

人们的担忧变成了现实，红衣主教用重金收买了勃金汉公爵的总管，捏造了勃金汉公爵谋害君主、篡权夺位的所谓"罪行"，并且向英王告发。亨利八世信以为真，他以叛国罪逮捕了勃金汉公爵，并处以死刑。同时，勃金汉的亲人和好友也受到牵连。

随后不久，国王想废除王后凯瑟琳，以便迎娶年轻貌美的侍女安·波琳。红衣主教也看出了国王的心思，极力怂恿他废除处处与他为难的皇后。但是要想废后，必须得到教会审判裁决。审判由坎特伯雷主持，红衣主教任审判官。审判开始后，凯瑟琳王后跪在亨利八世膝下，慷慨陈词："陛下，20年来，如果您能说出我在荣誉方面、在夫妻方面、在我对您圣躬应尽的责任和爱护方面有任何一点污点，那么，把我赶走！"同时，她对伍尔西说："大人，我是个单纯的女人，太柔弱，敌不过您的狡猾。"亨利王无言以对，审判就不了了之。

红衣主教后来得知国王要娶的侍女是个有新思想的路德教派教徒，担心她当了王后会对自己不利。于是写密信给罗马教皇，揭露亨利的意图。然而，这封信竟然落到了国王的手中。亨利王对此大为不满，将其革职放逐。红衣主教在放逐途中身染重病，不治身亡。

亨利王不等罗马教皇批准，就与安·波琳秘密结婚，并加冕王后。而凯瑟琳被迁到金莫顿，郁郁寡欢，不久病逝。几个月之后，新王后生下了一个美丽的公主伊丽莎白，国王请克兰默主教做她的教父，并为她在宫中做了隆重的洗礼仪式。克兰默主教对伊丽莎白的未来统治进行了预言性的颂扬，"她将活到寿考之年，这将是英格兰的福气；她的来日方长，而每日都将以一件好事而结束"。

《威尼斯商人》

巴萨尼奥想向美丽善良的富家女鲍西亚求婚，于是向好朋友、威尼斯大商人安东尼奥借 3000 金币，以便打点行装。但是安东尼奥手头现金短缺。为了朋友，他向犹太高利贷者夏洛克借钱。夏洛克早就恨透了慷慨大方的安东尼奥，于是趁机与他签约：如果过期不还，夏洛克就可以在安东尼奥身上的任何部位割下一磅肉来。

巴萨尼奥拿到钱，他通过自己的努力娶了鲍西亚。但与此同时，他得到了坏消息：安东尼奥的商船全部遇难，现在他别无选择，只得履行合约。

巴萨尼奥凑足了钱，告别新婚的妻子，急忙起程到威尼斯，这个时候安东尼奥已经囚在监狱里了。因为付款的期限已过，凶恶的夏洛克不肯接受巴萨尼奥付他的借款，坚持要安东尼奥的一磅肉，于是巴萨尼奥只有忐忑不安地等待着审判的结局。

恰巧负责审判此案的律师是鲍西亚的表兄，鲍西亚请求表兄不要出庭，由她女扮男装审理此案。在法庭上，她抓住合约的漏洞，要求夏洛克割肉时不能流一滴血，而且只能割"一磅"，不能超重，也不能不足，同时，不能伤及安东尼奥的性命。根据威尼斯法律，企图直接或间接置他人于死地者，其财产必须充公，否则以命抵命。因此，威尼斯公爵判决夏洛克的财产一半归安东尼奥，一半充公。安东尼奥没接受这笔钱，而是让夏洛克签字承诺，将这笔钱留给他的女儿。因为女儿违背了他的意愿与心爱的人结婚，被夏洛克取消了继承权。

《仲夏夜之梦》

顽固的老头易吉斯要将他的女儿赫米娅许配给门当户对的贵族青年狄米特律斯，可是女儿不同意，因为她已爱上了一个叫拉山德的雅典青年。为了能和相爱的人永远在一起，二人决定私奔，离开雅典。但是赫米娅的好友、深爱着狄米特律斯的海丽娜却故意将这件事泄露了出去。当天晚上，这对情侣跑到森林里，狄米特律斯也一路追踪赫米娅，希望挽回其芳心，海丽娜紧随其后。

森林里本来就住着仙王、仙后和侍奉他们的小仙、精灵。此时仙王和仙后正因为一个侍童而不和。仙王为了让仙后让步，便派小精灵帕克去取魔汁以戏弄仙后。这种魔汁有这样的魔力：如果它滴在熟睡的人的眼睑上，无论男女，醒来第一眼看见的人，就会发疯地爱上他。

　　仙王奥布朗看见海丽娜这样苦苦追求狄米特律斯，于是决定帮助她获得狄米特律斯的爱，就命令帕克趁狄米特律斯睡着时，把神奇的魔汁滴在他的眼睑上，待他醒来就会爱上睁眼看见的第一个人。未料阴差阳错，帕克搞错了对象，将魔汁滴在拉山德的眼睑上，使拉山德爱上了海丽娜。奥布朗得知后，赶紧把魔汁滴在狄米特律斯的眼睑上，这样狄米特律斯也爱上了海丽娜。两位男子同时向海丽娜求爱。甚至要为了海丽娜而准备决斗。这意想不到的变化使海丽娜认为是他们两人和赫米娅一起串通起来戏弄她。而赫米娅则认为是她的好朋友趁着黑夜偷走了爱人的心，她们两人也大吵起来。

　　就在这个时候，仙王奥布朗赶忙叫帕克用浓雾使他们迷路，并且熟睡，然后将解药倒入拉山德的眼里以解除魔法，而让狄米特律斯继续爱着海丽娜。赫米娅的父亲发现赫米娅和狄米特律斯各有意中人后，就答应了赫米娅和拉山德的婚事，最后这两对恋人双双在同一天举行了婚礼。

《麦克白》

　　苏格兰国王邓肯的表弟麦克白将军，与班柯联合作战，立功归来路遇三个女巫，女巫预言他将晋爵为王，但他并无子孙可以继承王位，而同僚班柯将军的后代要为王。麦克白是野心勃勃的英雄，于是他在夫人的怂恿下谋杀了邓肯，自己做了国王。为了掩人耳目和防止他人夺位，他又害死了邓肯的侍卫和班柯，杀死了贵族麦克德夫的妻子和小孩。然而，恐惧和猜疑使麦克白心里越来越疑惧，也越来越冷酷。麦克白夫人不堪内心的折磨，精神失常自杀。在众叛亲离的情况下，麦克白面对邓肯之子和他请来的英格兰援军的围攻，被麦克德夫的长枪击中，砍下脑袋献给了国王马尔康。班柯的子孙后来成为苏格兰的国王，世代相袭。

《罗密欧与朱丽叶》

凯普莱特家和蒙太古家是维罗那城的名门望族，但是这两大家族之间有宿仇，经常打斗。一次，凯普莱特家举办盛大的宴会，邀请了许多漂亮的太太、小姐赴宴，但蒙太古家的人除外。蒙太古家有个儿子叫罗密欧，品行端正，是个受人喜爱的小伙子。他出于好奇，戴上面具混进了凯普莱特家的宴会。在宴会上，凯普莱特家的独生女朱丽叶深深吸引了他。这晚，朱丽叶是宴会的主角，她美若天仙。罗密欧向朱丽叶表达了爱慕之情，朱丽叶对罗密欧也萌生好感。然而，双方都不知道对方的身份。

了解对方出身仇家，罗密欧仍然摆脱不了对朱丽叶的爱慕。当晚他翻墙进入朱丽叶家的果园，正好听见朱丽叶在窗口柔情地呼唤着罗密欧的名字，一见钟情的少男少女当即海誓山盟，约定第二天就结婚。

第二天，两人请神父帮忙，神父觉得也许二人的婚姻可以化解两家的世仇，于是答应了他们的请求。在神父的主持下，他们二人结成了夫妻。

中午，罗密欧路遇朱丽叶的堂兄提伯尔特，提伯尔特挑衅罗密欧，并将他的朋友刺成重伤，罗密欧忍无可忍拔剑刺死了提伯尔特。这个消息震动了维罗那城，亲王决定驱逐罗密欧，下令如果他回来就将他处死。

罗密欧不愿离开，经过神父的劝说，他才答应暂时离开。晚上，他悄悄来到朱丽叶的闺房，度过了新婚之夜。天一亮，罗密欧不得不离开爱人开始了他的流放生活。罗密欧走后，出身高贵的帕里斯伯爵就来求婚。凯普莱特非常满意，答应他的求婚。

朱丽叶求助神父。神父给了她一瓶药，服下去就像死去一般，但24小时候后便会苏醒过来。到时神父派人送信给罗密欧，他会很快就挖开墓穴，然后他们远走高飞。朱丽叶依计行事，在结婚头天晚上就服下了此药，于是第二天婚礼变成了葬礼。然而，在送信人到达之前，罗密欧已经得知爱人的死讯。他深夜来到了朱丽叶的墓穴，杀死了阻拦他的帕里斯伯爵，打开墓穴，亲吻了朱丽叶，然后掏出准备好的毒药一饮而尽，死在朱丽叶身边。

神父听说送信未到，就急忙赶来。未料朱丽叶醒来看见倒在身边的罗密欧，悲痛万分，拔出罗密欧的剑刺向自己，倒在罗密欧身上死去。双方的父母都来了，神父向他们讲述了两人的相爱经过。失去儿女两家的父母才清醒过来，不过已经晚了。从此，两家消除积怨，在维罗那城为罗密欧和朱丽叶铸了一座金像。

《皆大欢喜》

佛莱德里克不顾兄弟情谊，篡夺了哥哥的法兰西公爵之位，把公爵赶走，使他被迫流放在森林里。被放逐的公爵的女儿罗瑟琳与受到长兄奥列佛虐待的奥兰多相爱。但不久罗瑟琳也被叔父放逐，不得已女扮男装逃到亚登森林，后来与奥兰多不期而遇。受到长兄虐待的奥兰多以德报怨，拯救了自己的长兄，使奥列佛良心发现，并与罗瑟琳的堂姐妹、佛莱德里克之女西莉亚产生了爱情。他们一直和罗瑟琳一起生活在森林里，帮助她寻找父亲。

最终罗瑟琳也找到了父亲。佛莱德里克也受到老修道士的启发，幡然悔悟，决定重新做人，将王位归还给了自己的兄长。最后奥兰多与罗瑟琳、奥列佛与西莉亚喜结良缘，老公爵也回到了王宫，与臣子们一起治理自己的国家。